불교란 무엇인가

우룡큰스님 지음

효림

불교교리총서 ❶

불교란 무엇인가

초 판 1쇄 펴낸날 2007년 5월 7일
개정판 4쇄 펴낸날 2021년 6월 18일

지은이 김현준
펴낸이 김연지
펴낸곳 효림출판사

등록일 1992년 1월 13일 (제2-1305호)
주 소 서울특별시 서초구 반포대로14길 30, 907호 (서초동, 센츄리 I)
전 화 02-582-6612, 587-6612
팩 스 02-586-9078
이메일 hyorim@nate.com

값 5,000 원

ⓒ 효림출판사 2013
ISBN 978-89-85295-72-7

책 머리에

불교란 무엇인가?

참으로 광범위하고 쉽게 요약할 수 없는 주제이다. 누가 감히 이 주제에 알뜰한 답을 줄 것인가?

산승은 모름지기 평생토록 수행하면서 느끼고 체험했던 불교를 그 중심에 두고 엮어 갈 뿐이다.

이 책이 불자들의 지혜와 실천에 밑거름이 되고, 해탈의 주춧돌이 되기를 발원하고 회향한다.

나무마하반야바라밀

불기 2551년 부처님오신날
금오산 함월사에서

雨龍 합장

차 례

책 머리에 … 3

불교는 해탈의 종교 ——————— 7

· 마음의 응어리를 풀어라 / 9
· 가장 진실한 예불 / 22

해탈을 얻는 원리 ——————— 29

· 법계의 자정능력(自淨能力) / 31
· 무명(無明)의 시작 / 38
· 법계 자정능력의 발현 / 43

무엇이 부처인가? ——————— 53

· 절대유일이요 평등무차별 / 55
· 견성의 차원과 부처의 차원 / 65

소승과 대승불교 ·········· 71

· 불교 교단의 분열 / 73

· 소승불교 / 78

· 대승불교 / 83

· 보살의 사상과 보살의 행 / 91

불교는 나를 돌아보는 공부 ········· 95

· 여시아문 / 97

· 나를 뒤돌아보라 / 103

· 내 곁의 사람이 모두 부처님이다 / 112

· 늘 가족의 고마움을 생각하라 / 125

불자의 실천, 꼭 이것만은 ········· 133

· 오계만은 지키자 / 135

· 육화경(六和敬) / 143

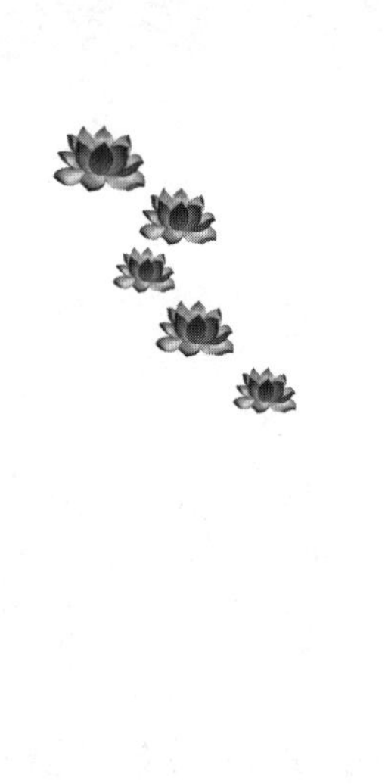

불교는 해탈의 종교

마음의 응어리를 풀어라

가장 진실한 예불

마음의 응어리를 풀어라

나는 **불교의 목적이 해탈**이라고 생각합니다.

해탈이란 번뇌와 집착에서 벗어나는 것이요, 모든 구속이나 얽힘에서 벗어나는 것입니다. 물질적·정신적인 것뿐만 아니라, 인간적인 사랑이나 정에 대한 애착, 마지막에는 도에 대한 집착이나 깨친다고 하는 집착에서도 벗어나야 합니다.

이러한 번뇌와 집착에서 벗어나기 위해서는 마음속의 응어리를 풀어야 합니다. 먼저 내 마음을 열고 맺힌 응어리를 풀지 않고서는 해탈을 할 수가 없습니다. 절에 온다는 이름 아래 불교를 배웠다면 마땅히 집착에서 벗어나야 하는데도, 많은 불자들이 자꾸만 무엇인가에 얽히는 쪽으로 가고 있어 매우 안타깝게 느껴질 때가 많습니다.

가만히 돌이켜보면 다른 사람만이 아니라 부모 자식·부부·형제 사이에도 응어리가 얽혀 있다는 것을 느낄 수 있습니다. 그리고 그 응어리를 풀어야 된다는 생각은 하면서도, 눈에 보이지 않으므로 어떻게 해야할 지를 몰라 허우적거리는 사람들이 매우 많습니다.

그럼 내 **마음의 응어리는 어떻게 해야 풀어질 수 있는가?**

먼저 이 응어리라는 것이 결국은, 빛깔도 소리도 모양도 냄새도 없는 '우리 마음에 뿌리를 두고 있다'는 것부터 알아야 합니다. 마음에 뿌리를 두고 얽혀 있는 응어리이기 때문에 응어리를 풀기 위해서는 마음의 문제를 해결하면 됩니다.

그러나 마음이라고 하는 것은 우리 눈에 보이지도 귀에 들리지도 않으므로 실마리조차 찾을 수가 없습니다. 빛깔도 소리도 모양도 냄새도 없는 우리의 마음. 이 마음을 풀 수 없어 고민을 하였던, 옛 큰 스님의 이야기부터 새겨봅시다.

중국 선종 제2조인 혜가대사(慧可大師, 487~593)는 낙양 용문龍門의 향산香山에서 스님이 되어 여러 곳을 다니며 공부를 하다가, 32세에 향산에 돌아와 8

년 동안 좌선을 하면서 도를 구했습니다. 하지만 마지막 '마음'이라는 문제를 풀 수가 없어 열이 위로 치솟고 머리가 터질 것처럼 아픈 병에 걸렸습니다.

혜가스님에게 찾아온 병은 어떠한 약으로도 고칠 수가 없었습니다. 그러던 어느 날, 한 스님으로부터 '숭산 소림사의 달마스님께 가야만 해결이 된다'는 말을 들었습니다. 혜가스님은 사람들의 부축을 받으며 아픈 몸을 이끌고 도를 묻기 위해 숭산에서 면벽面壁을 하고 계신 달마대사를 찾아 갔습니다.

그러나 돌아앉아 계신 달마대사는 등 뒤에서 인기척을 내어도 돌아보거나 아는 체를 하지 않았습니다. 이에 혜가대사는 소림굴 앞에 서서 합장한 채 7일을 보냈습니다. 마지막 날에는 눈이 와서 허리까지 쌓였는데도 혜가스님은 꼼짝도 하지 않고 눈 속에 서서 가르침을 구했습니다.

8일째가 되자 달마대사가 돌아앉으며 물었습니다.

"뭣 하러 왔느냐?"

"바라옵건대 감로의 문을 여시어 이 중생을 제도하여 주옵소서."

"부처님의 위 없는 도를 이루려면 행하기 어려운

일을 행하고 참기 어려운 것을 참으면서 부지런히 정진해야 한다. 어찌 작은 공덕과 작은 지혜와 경솔한 마음과 교만한 마음으로 참된 법을 구하는가? 헛수고를 할 뿐이다. 네 신심信心을 보여라.”

이에 혜가스님은 칼을 뽑아 왼쪽 팔을 끊어 달마대사 앞에 놓았습니다.

“네가 팔을 끊어 도를 구하니 가히 할만 하겠다.”

이렇게 하여 달마대사의 제자가 된 혜가스님은 어느 날 법문을 청하였습니다.

“부처님들의 법인法印을 가르쳐 주십시오.”

“부처님들의 법인은 남에게서 얻을 수 있는 것이 아니다.”

혜가스님은 다시 절을 올리며 여쭈었습니다.

“대사님, 법인을 얻지 못한 저의 마음은 편안하지 못합니다. 마음을 편안하게 해 주십시오.”

“마음을 가지고 오너라. 편안하게 해주리라.”

“예? 아무리 마음을 찾아도 얻을 수가 없습니다.”

“내가 이미 네 마음을 편안하게 해주었느니라.”

그 말씀 끝에 혜가스님은 대오大悟 하였습니다.

혜가스님은 '신심을 보여라'고 하자 팔을 끊어 바쳤습니다. 그러나 마음은 피부에도 있지 않고 힘줄에도 있지 않고 혈관에도 있지 않으며, 뼈에도 골수 속에도 있지 않습니다. 어느 곳에서도 찾을 수 없습니다. 믿음의 마음은 팔을 끊어 바쳤지만, 마음을 체득하지는 못했습니다.

그러다가 '불안한 마음을 가져오라'는 달마대사의 한 마디에 마음을 찾았고, **찾아도 얻을 수 없음을 깨달아 안심입명**安心立命을 이루었습니다.

마음! 이 마음이 모든 것을 만들어 냅니다. 하지만 이 마음은 찾을 수가 없습니다. 그런데도 우리는 찾을 수 없는 것을 붙들고서는 갖은 시비를 마다하지 않고 할 소리·못할 소리를 다 합니다.

'나'라는 것도 찾아보면 없습니다. 피부에도 살결에도 힘줄에도 골수 속에도 없고, 위장·간장·심장에도 없습니다.

'나'라고 하는 헛것을 붙들고 헛 이름을 따라서 온갖 시시비비를 다 하고 있습니다. '나'라는 것은 이름뿐이지, '나'라고 하는 실체는 없습니다.

그런데도 '나'라는 헛된 이름을 붙들고 온갖 사건

을 다 저지르고 다닙니다. 그리하여 부모 자식·부부·형제·남남 사이에 자꾸 응어리를 만듭니다. 이 응어리를 풀어야 하는데, 눈에 보이지가 않습니다. 어떻게 해야 합니까?

할 수 없이 **제3의 방법에 의지해서 마음 속의 응어리를 풀어야** 합니다. 하도 답답하니까 엉뚱한 제3의 방법에 의지하는 것입니다. 곧 '염불·주력·화두·독경·기도'라는 제3의 방법을 선택해서, 마음을 그쪽으로 집중을 시키는 것입니다.

염불 속으로, 화두 속으로 들어가 집중을 하게 되면 들떠있던 마음이 차분히 가라앉게 되고 맑아지게 됩니다. 번뇌와 집착으로 들끓던 마음이 차츰차츰 맑아지면 밝은 지혜가 나오고, 나도 모르는 사이에 내 마음의 응어리가 엷어지게 됩니다.

나아가 부지런히 수행을 하다보면 마침내 응어리가 완전히 풀어지게 됩니다. 곧 마음 속 응어리를 풀기 위한 목적으로 염불·화두·주력·간경·사경·기도라는 방법을 선택하는 것입니다.

이와 관련하여 내가 늘 드리는 이야기가 있습니다. 우리의 마음을 찾아가는 것을 잃어버린 비단을 찾는 것에 비유하여 옛날 어른들이 들려주신 비단 장수 이야기입니다.

❀

옛날 등짐장수가 비단을 짊어지고 전국을 돌며 장사를 하였습니다. 따스하고 노곤한 봄날, 고개를 넘던 비단장수는 무덤 옆의 양지 바른 곳에 앉아 쉬다가 잠이 들었습니다. 그런데 한참을 자고 일어나 보니 비단이 송두리째 사라지고 없었습니다. 누군가가 훔쳐간 것입니다.

'아, 나의 전 재산인 비단을 몽땅 훔쳐가다니! 나는 이제 어떻게 먹고 살꼬?'

살 길이 막막해진 그는 '혹여나' 하는 마음으로 고을 원님께 찾아 줄 것을 청하였고, 원님은 '자세한 경위를 말해보라'고 하였습니다.

"소인이 저 고개를 넘다가 노곤하여 잠깐 잠든 사이에 누군가가 비단 짐을 훔쳐갔습니다."

"누가 훔쳐 갔느냐?"

"소인은 잠이 들어 보지를 못했습니다."

"그럼 훔치는 것을 본 사람이 없었다는 것이냐?"

“누구도 보았다는 사람이 없습니다.”

이때 원님은 묘한 말씀을 하였습니다.

“밝은 대낮이었는데 무엇이 봐도 봤겠지. 그것이 누구냐?”

자꾸 다그쳐 묻는 원님의 추궁에 비단장수는 마침내 엉뚱한 대답을 하였습니다.

“아무도 본 사람은 없습니다. 보았다면 무덤 옆에 있는 망주석望柱石이 보았을까….”

“그 자리에 망주석이 있었더냐?”

“예.”

그 순간 원님은 명을 내렸습니다.

“사령들은 듣거라. 망주석이 범인을 보았다고 한다. 속히 그 망주석을 잡아오너라.”

원님의 명령인지라 어쩔 수 없이 망주석을 잡으러 갔지만 아전들은 비웃었습니다.

“망주석이 보기는 무얼 봐? 우리 사또가 제정신이 아니군.”

아전들은 투덜거리며 망주석을 묶어 동헌 뜰에 옮겨놓았고, 사연을 들은 구경꾼들이 호기심을 품고 모여들자 원님은 심문을 시작했습니다.

"망주석은 듣거라! 비단장수는 네가 서 있는 무덤 옆에서 비단을 잃어버렸다고 하였다. 그렇다면 너는 필시 범인을 보았을 것이다. 본 것을 사실대로 말하렷다."

하지만 망주석의 대답이 들려올 리 만무하였습니다. 이에 원님은 노발대발하여 명을 내렸습니다.

"저 놈이 감히 고을 원을 무시하다니! 저 놈을 엎어놓고 매우 쳐라!"

사령은 곤장을 들고 망주석을 쳤습니다. 그러나 나무로 돌을 치면 치는 사람의 손만 아픈 법. 마침내 사령은 망주석을 토닥토닥 치기에 이르렀습니다.

이 희한한 광경을 지켜보고 있던 구경꾼들은 웃지 않을 수가 없었습니다. 어찌나 우습던지 폭소를 터뜨렸고, 서로들 수근거리기 시작했습니다. '저 엉뚱한 사또의 하는 꼴 좀 보라'는 듯이…. 이에 원님은 또 명령을 내렸습니다.

"사또가 정사를 다스리는데 무엄하게 조소하고 소란을 피우다니! 저놈들을 모두 잡아 가두어라."

순식간에 30여명의 구경꾼들이 옥에 갇히는 신세가 되었을 때, 사또는 아전을 시켜 그들에게 옥에서

풀려나는 방법을 은근히 전하게 했습니다.

"너희들은 사또께서 정사를 다스리는데 조소하고 소란을 피웠다. 그 죄 값으로 비단 한 필씩만 바쳐라. 그럼 풀어줄 것이다."

모두들 어서 나갈 생각으로 가족들에게 비단 한 필씩을 가져오게 하여 방면되었고, 아전은 비단마다 가져온 사람의 주소와 이름을 적었습니다. 그때 원님은 비단장수를 불러 확인을 시켰습니다.

"여기에 네 비단이 있느냐?"

"이것도 제 것이올시다. 저것도 제 것이올시다."

비단 장수가 여러 필의 비단을 찾아내자, 원님은 나졸들에게 지시했습니다.

"이 비단을 가져 온 사람들에게 어디에서 누구에게 산 것인지를 알아 오너라."

그들이 이웃 동네 아무개에게서 샀다고 하자, 그 사람을 잡아들여 곤장 몇 대로 자백을 받아내었습니다.

"제가 그 무덤가를 지나다가 비단 짐이 있는 것을 보고 욕심이 생겨 가져갔습니다."

마침내 원님은 비단장수의 비단을 모두 찾아주었

고, 거두어 들였던 다른 사람들의 비단도 돌려주었습니다.

망주석을 잡아들이고 곤장을 칠 때에는 사람들이 모두 웃었지만, 진범인 도둑이 그 때문에 잡힐 줄은 아무도 몰랐던 것입니다.

우리가 수행의 공부방법으로 삼는 화두 · 염불 · 주력 · 기도 · 경전공부라는 것도 결국은 잃어버린 비단을 찾는 단서라는 것을 일러주는 이야기입니다. 목적은 잃어버린 비단을 찾는 것인데, 비단과는 아무런 연관도 없는 엉뚱한 짓을 하는 것입니다.

염불이나 화두는 깨달음이나 부처 그 자체와는 아무런 연관도 없는 것입니다. 제3의 엉뚱한 짓일 뿐이지만, 결국은 그 방법에 의해 마음의 모든 응어리가 풀어지고, 마지막에는 원래의 비단을 찾을 수 있으므로 목적이 완전히 이루어진다는 이야기입니다. 이것이 불교 집안의 공부하는 방법입니다.

위의 이야기에 나오는 고을 원님은 우리의 근본 지혜를 비유한 것입니다. 우리에게 있는지 없는지조차 모르고 있는 이 근본 지혜가 그와 같이 영리하고 날카롭다는 것을 고을 원님을 통하여 일깨워주고 있습니다.

실로 망주석을 도적으로 간주하여 옥에 가두고, 공개재판을 하고, 몽둥이로 때린다는 식의 이야기는 전혀 엉뚱한 짓이요 도둑을 잡는 방법이 되지 못합니다.

또 망주석을 몽둥이로 치는 것을 지켜본 사람들이 그 우스꽝스러운 짓거리에 어이가 없어하며 웃었다고 하여, 법정모독죄를 걸어 모두를 하옥시킨다는 것 또한 미친 짓이요 쓸데없는 짓입니다.

이와 마찬가지로, 지금 불교에서 행하는 염불·화두·주력·기도·경전공부 등은 잃어버린 비단을 찾기 위해 망주석을 두드리는 것과 똑같다는 방식입니다.

근본 입장에서 보면 염불도 소용없고 기도도 소용이 없는 짓입니다. 그렇지만 소용없는 염불이나 기도에 의지하면 우리의 마음 속 응어리가 풀어져 해탈을 한다는 줄거리가 거기에 들어 있습니다.

우리가 불교를 믿는 목적, 벗어나고 해탈하는 길이 거기에 열려 있으므로, 염불이나 화두나 주력이나 경전공부를 열심히 붙들고 늘어져야 합니다. 답답하고 필요 없는 짓이라고 하여 안 할 수가 없는 것입니다. 이것이 불교의 수행방법입니다.

중생의 무명과 얽힘을 근본지혜와 더불어 재미있게 일러주는 망주석 이야기를 통하여 옛 어른들의 슬기로움을 느낄 수 있습니다. 하지만 요즘은 염불·화두·주력·기도·경전공부 등이 잃어버린 비단 짐을 찾기 위한 방법이라고 하는 것조차도 믿지 않으려 합니다. 또 믿는다고 하더라도 반신반의하는 자세입니다. 이렇게 믿지 않고 신심이 없는데 우리의 진정한 공부가 어떻게 이루어지며, 구속으로부터 어떻게 벗어날 수 있겠습니까?

벗어나기 위해서는 결국 내 마음의 응어리를 풀어야 하고, 응어리를 풀기 위해서는 엉뚱한 제3의 방법이 해결책이 된다는 것을 믿고, **염불·화두·주력·기도·경전공부** 중에서 한 가지 방법을 선택하여 부지런히 공부해야 합니다. 그리하여 목표인 비단 짐을 찾아 해탈하여야 합니다.

가장 진실한 예불

'마음의 응어리를 푼다.' 그러나 앞에서도 이야기하였지만 마음이라는 것은 눈에 보이지 않습니다. 따라서 마음에 응어리가 맺혔는지 안 맺혔는지는 보이지가 않습니다. 하지만 생각을 해보면 응어리가 맺힌 것을 느낄 수 있습니다.

어떤 사람과 싸움을 하고 나면 미워서도 응어리가 맺히고 괘씸해서도 응어리가 맺힙니다. 어떤 경우에는 억울해서 응어리가 맺힙니다. 이런 식으로 여러 가지 일들이 응어리로 맺힘으로써, 결국은 세세생생 윤회 하는 고리가 거기에서 이루어집니다.

반대로 **이 맺힌 것을 풀어냄으로써**, 지나간 시간에 대한 애착이나 집착이나 **인연들이 풀리면서 해탈을 얻을 수 있습니다.** 이것이 바로 불교입니다.

먼저 가신 어른들의 가슴에 맺힌 응어리를 풀어주는 **천도도 같은 원리입니다.** 염불이나 독경이나 주력이나 화두를 의지해서 먼저 그분들에 대한 '내 마음 속의 응어리를 풀어야' 합니다. **내가 먼저 풀어져야 그분들의 응어리를 풀 수가 있습니다.** 내가 얽혀 있으면 그분들의 천도가 되지 않습니다.

돌아가신 영靈들에게는 바깥으로 나타나는 물질이나 행동 같은 것으로는 통하지 않습니다. 우리의 정성으로 우리의 마음으로 하는 대화만이 서로 통할 뿐입니다.

그러므로 내 마음이 먼저 풀어져야 조상님의 천도가 이루어집니다. 내 마음에 응어리가 있는 동안은 아무리 경을 읽고 재를 지내더라도, 그 공덕이 영가에게 전달이 되지 않는 것입니다.

내가 늘 일러드리지만, 천도재를 올리고 음식을 장만하고 물건을 차려 놓고, 어느 큰스님을 초빙한 것으로 천도를 마쳤다는 생각을 하지 마십시오. 우리 아버지 어머니는 자식인 나의 정성에 따라 변합니다. 내가 부지런히 경을 읽어드리고 선행을 쌓으면 그 정성으로 천도가 이루어집니다.

얼마 전에 서울에 사는 어떤 처사님이 전화를 했

습니다. '어머니가 곧 돌아가실 것 같다'며 천도재를 부탁 드린다는 내용이었습니다. 그래서 당부를 드렸습니다.

"어머니가 돌아가시면 금강경 3천 독을 목표로 해서 읽을 때마다 '이 공덕으로 우리 어머니, 밝은 나라에 가소서'라고 축원을 드리십시오. 그렇게 하는 것이 가장 빠르게 천도재를 지내는 방법입니다."

그리고 얼마 후에 봉녕사에 갔는데 그 처사가 와 있었습니다. 내가 일러준 대로 어머니가 돌아가시면 그렇게 할 것이고, '지금부터라도 먼저 돌아가신 아버님을 위해 경을 읽어드리며 못다한 정성을 바치고 있다'고도 했습니다.

바로 이와 같은 마음과 정성이 먼저 가신 분의 응어리를 풀어 불국세계로 천도하는 비결입니다. 따라서 늦었지만 미리 가신 어른들의 천도를 해주시는 것이 좋습니다.

대우주세계에는 시간과 공간이 차이가 없습니다. 벌써 돌아가신지 20년이나 30년이 넘었어도 부지런히 경을 읽어드리거나 염불을 해드리면 천도가 됩니다.

"고맙다. 나는 너에게 별로 해준 것이 없는데, 너는 나를 위해서 이렇게까지 해주는구나. 나도 너를 도와줘야지."

이렇게 되는 것입니다. 대우주세계의 물건은 생겼다 없어졌다 하지만, 대우주세계의 일은 생멸을 뛰어넘어, 내가 지금 정성을 드리면 그 공덕이 그대로 조상들에게 전달이 되고 나에게로 돌아오게끔 되는 것입니다.

응어리를 풀면 해탈합니다. 영가도 나도 해탈합니다. 하지만 마음에 응어리가 맺혀 있기 때문에 해탈하지 못합니다.

실로 **마음의 응어리는 참으로 무서운 것입니다. 그것이 업입니다.** 따라서 우리가 이미 저질러 놓은 업도, 앞으로 지을 업도 참으로 무서운 줄 알아야 합니다.

나는 불자들에게 '가족에게 참회를 하라'는 말을 자주 합니다. 가족에게 참회할 것을 늘 권합니다.

어떤 인연으로 가족이 된 것일까요? 지나간 시간에 자주 만나면서 서로 좋아하고 애를 먹이거나, 서로서로 크게 베풀고 크게 치고 박고 싸운 그 인연으로 가족이 되었습니다. 그러므로 지나간 날의 버릇이 남아 있습니다.

그리고 아무리 깊은 인연으로 맺어진 가족일지라도 '너 때문에', '네가 그랬다'는 응어리가 맺혀 있습니다. 심한 경우에는 원결로까지 맺혀 있습니다.

이 원결을 어떻게 합니까? 어떻게 해야 역작용을 하는 원결들을 풀 수가 있습니까?

가장 쉬운 방법은 **'가족을 향해 참회의 절을 하는 것'**입니다. 많이 하라는 것이 아닙니다. **아침·저녁으로** 가족들을 향해 **3배만 꾸준히** 하면 됩니다. 아주 작은 이 정성이 가족 사이에 들어가면 맺혔던 원결들이 스르르 풀어집니다. 그런 까닭에 나는 늘 가족들에게 절을 하라고 권하고 있습니다.

만약 '법당의 부처님'과 '나'와 '내 가족이라는 부처님'이 삼위일체가 될 수 있다면 그 이상으로 다행스런 일이 없습니다. 하지만 이렇게 되지 않는다면 법당의 부처님께는 무릎을 꿇지 않더라도, 내 가족을 향해서는 무릎을 꿇어야 합니다.

"세세생생 당신께 잘못한 것 모두 참회 합니다."

이렇게 염슾을 하며 내 **가족 한 사람 한 사람에게 3배씩**을 꼭꼭 하면서 용서를 비셔야 합니다. **3년만 계속 하면** 가족 사이에 맺힌 사소한 응어리는 물론이요 매우 강한 원결까지도 모두 풀어집니다.

그러나 내 가족 앞에서는 무릎이 잘 굽혀지지 않습니다. 왜 그렇습니까? '나' 라는 고약한 마음 때문입니다. 빛깔도 모양도 소리도 냄새도 없는 '나' 라는 것 때문에 내 가족한테는 무릎이 안 굽혀집니다.

이 '나'가 죽어야 됩니다. 피부에도 살결에도 힘줄에도 골수에도 없는 '나' 라는 것을 죽이고, 내 가족에게 예불을 드릴 수 있을 때, 가족 사이의 다툼이 떨어지고 응어리가 풀어집니다.

뿐만이 아닙니다. 가족 사이에 늘 절을 하면 많은 공덕이 생겨납니다. 실제로 아침 저녁으로 가족에게 드리는 3배는 여러 가지 영험도 가져다주고 기적도 일어나게 합니다. 그 예는 매우 많습니다.

또한 가족 사이에 늘 절을 하는 가정은 서로에게 "고맙습니다", "감사합니다" 하는 마음으로 항상

웃고 삽니다.

그래서 나는 아침·저녁으로 가족에게 올리는 3배를 **'가장 진실한 예불'**이라고 말합니다.

모든 인연들을 자세히 들여다보면 꼭 어떤 식으로든 서로서로 연결이 되어 있습니다. 그러므로 좋은 연을 자꾸 찾고 만들어 놓아야 합니다. 가족 사이에도 절대 모진 연을 만들지 말고, 좋은 연을 자꾸 만들어 가야 합니다.

불교는 결코 엉뚱한 가르침이 아닙니다. 생활 속에서 응어리를 풀어가는 것. 그리하여 마침내 마음 속의 응어리를 모두 풀어버리는 것. 바로 이것이 부처님의 가르침인 불교인 것입니다.

잃어버린 비단을 찾기 위해 엉뚱한 짓을 했는데, 결국은 그것으로 인해 목표인 비단을 되찾게 되듯이, 불교의 목표인 해탈을 얻을 때까지 부지런히 수행하시고, 아침·저녁으로 내 가족을 향해 3배씩을 꼭꼭 하실 것을 부탁드리면서, 해탈을 이루는 원리에 대해 함께 살펴보고자 합니다.

해탈을 얻는 원리

법계의 자정능력(自淨能力)

무명(無明)의 시작

법계 자정능력의 발현

법계의 자정능력 自淨能力

앞의 장에서 나는, '마음 속의 응어리를 풀기 위해 염불·주력·화두·독경·사경·봉사·기도 등 제3의 방법에 의지하여, 부지런히 수행할 것'을 부탁드렸습니다.

그렇다면 제3의 엉뚱한 방법에 의해 불교의 목표인 해탈을 얻을 수 있는 원리는 어디에 있는 것일까요?

물질계를 의지하지 않고서는 이 원리를 이해하기도 어렵고 표현할 수도 없으므로 억지로 이름을 갖다 붙이자면, 그것을 대우주법계가 원래 갖추고 있는 **'법계의 원력'**이요 **'법계의 자정능력'**이요 **'법계 자체의 작용'**이라고 나는 말합니다.

본래의 원점에는 시작도 없고 끝도 없으며, 어떠한 시시비비도 있을 수가 없습니다. 우리 중생들의 눈에는 결코 보이지 않지만, 석가모니 부처님이나 옛날 도인들의 경우에는 공부의 힘이 어떤 자리에 모인다는 것입니다. 이렇게 모인 기운이 모든 모순과 모든 잘못을 푸는 고리가 되고 힘이 되어 움직이게 됩니다.

이것을 쉽게 풀이한 것이 소를 찾아가는 과정에 비유한 십우도十牛圖입니다. 우리의 본래면목本來面目을 소에 비유하여, 본래면목인 소를 찾는 순서와 이미 찾은 뒤에 주의할 점을 설명한 이 십우도는, 수행을 하여 우리의 마음을 찾고 닦는 순서를 열 폭의 그림으로 이야기해 놓은 것입니다.

그런데 이 공부는 '나'의 힘만으로 하는 것이 아닙니다. 대우주 법계를 스스로 정화하는 능력! 곧 **대법계의 자정능력이 '나'의 공부와 함께 합니다.** 중생들이 공부를 하여 물질계를 벗어나고 정신계를 벗어나면, 마지막에는 이 자정능력과 한 덩어리가 될 수 있습니다. 여기에는 이타利他의 능력도 갖추어져 있고 제도의 능력도 갖추어져 있습니다. 누구든지 이 힘에 의지하기만 하면 모든 응어리가 풀어지게 되어 있습니다.

대우주법계의 이 능력은 원래부터 일체 중생 모두가 똑같이 갖추고 있는 것이요, 누구나 똑같이 누리고 있는 것입니다. 이것이 바로 법계의 근본 대자비요 대지혜이며, 여기에 존칭을 붙이면 '부처님'이라고 부를 수 있는 것입니다.

옛날 어른들께서는 이 법계의 자정능력과 한 덩어리가 되는 것을 '깨닫는다'고 표현 하셨습니다. 우리가 비록 깨치지는 못할지라도, 이러한 세계를 어렴풋이나마 추측이라도 할 수 있고 느낄 수 있다면 참으로 큰 복이라고 하지 않을 수 없습니다.

실로 옛 어른들은 언제나 이 세계를 들여다보면서 이 움직임과 함께 사셨으며, 미륵보살彌勒菩薩께서는 다음과 같은 게송을 남겼습니다.

밤마다 부처를 안고 잠이 들고
아침마다 부처와 함께 일어난다
일어나고 앉음을 꼭같이 하고
말하고 침묵함도 동시에 하나니
털끝만큼도 떨어질 수 없는 것이
몸과 그림자의 관계와 같도다
부처님 가신 곳이 어디인줄 아는가
바로 이 말소리가 부처이니라

夜夜抱佛眠　　야야포불면

朝朝還共起　　조조환공기

起座鎭相遂　　기좌진상수

語默同居止　　어묵동거지

纖毫不相離　　직호불상리

如身影相似　　여신영상사

欲識佛去處　　욕식불거처

只遮語聲是　　지차어성시

이 게송을 조금 더 풀어보겠습니다.

매일 밤마다 부처를 안고 잠을 자고, 아침마다 부처님과 같이 일어난다. 일어나고 앉을 때 서로 같이 따라 하나니, 내가 일어나면 부처가 일어나고 내가 앉으면 부처가 앉는다. 또 부처가 앉으면 내가 앉고 부처가 일어나면 내가 일어난다. 말할 때도 같이 있고 말을 그칠 때에도 같이 있다. 조금도 떨어지지 않고 언제나 함께하나니, 몸뚱이와 그림자가 떨어질 수 없는 것처럼 붙어 다닌다. 부처가 간 데가 어디인 줄 아느냐고 묻는다면 다만 이 말소리가 부처라고 할 수 밖에….

언제나 부처와 함께하고 대법계의 자정능력과 함께하는 삶의 세계! 이러한 세계를 정확하게 확신하고 확인을 할 수 있다면 그런 다행이 또 어디에 있겠습니까? 그러나 확인을 하지는 못하더라도, 그 자체를 느낌으로 알 수 있거나 도를 아는 사람이 이야기를 할 때 이해라도 된다면, 참으로 선근이 깊고 연이 많은 사람이라 하지 않을 수 없습니다.

경봉스님이 계시던 통도사 극락암으로 올라가는 입구에 과수원을 경작하는 거사 내외가 살고 있었습니다. 그들은 경작을 하며 열심히 정진하였는데, 한 번은 그 댁의 보살이 견성見性을 했다며 오도송을 지어 경봉노스님께 찾아 왔습니다.

관세음보살을 일념으로 찾았더니
무아의 나무 위에 백 가지 꽃이 붉도다
건곤을 삼키고 토해내는 자재처에
담담하고 고요하여 모두가 법공일세

觀音菩薩一念中　　관음보살일념중

無我樹上百花紅　　무아수상백화홍

吞吐乾坤自在處　　탄토건곤자재처

淡淡寂寂諸法空　　담담적적제법공

이 게송을 보신 경봉스님은 말씀하셨습니다.
"확철대오는 못했지만 아주 맹물은 아니다."

이처럼 대우주법계를 완전히 체험은 못했을지라도 어느 정도 이해가 되는 사람은 더 이상 흔들리거나 속는 일 없이 살 수 있습니다. 그러므로 우리 불자들은 공부를 해야 합니다. 여태까지는 잊어버린 채 생각조차 하지 않고 지내왔다 할지라도, 이제는 소를 찾아나서는 공부, 본래면목을 찾는 공부를 해야 합니다.

2005년 초에 돌아가신 숭산崇山스님께서는 전 세계를 돌아다니며 불교 포교에 앞장서셨던 분입니다. 스님은 몸에 병이 들었을 때에도 시간이 되면 비행기 안에서까지 통로에 좌복을 깔아놓고 천배를 꼭꼭 챙기셨다고 합니다.

'법계의 자정능력'은 늘 이렇게 다독거리고 키워가야 할 그런 것입니다. 분명히 말씀드리지만 꾸준한 노력이 꼭 필요합니다. 염불을 해도 좋고 경전공부를 해도 좋고 주력을 해도 좋고 화두를 해도 좋습니다. 기본적인 공부방법 중 무엇이 되었든 상관이 없습니다. 꾸준한 노력을 계속하여 그 공부가 연결이 되도록 하면 됩니다.

물론 실천하는 과정에는 실수도 있을 수 있고 욕심으로 말미암아 옆길로 가기도 합니다. 하지만 실패를 하더라도 포기를 해서는 안됩니다. 언젠가는 반드시 밟아야 될 길이기 때문에 다시금 그 길에 올라서서 바른 노력을 기울여야 합니다.

화두·독경·염불·주력 등의 공부를 하다보면 엉뚱한 병통이 찾아들 때도 있습니다. 그리고 그 병통 때문에 공부를 그르칠 수도 있습니다. 그러나 그 병통이 오히려 '나'를 채찍질하여 빨리 진리의 세계로 들어갈 수 있도록 해주기도 합니다.

내가 노력을 하지 않고 남이 해주는 것만으로는 결코 응어리를 풀 수가 없고 응어리에서 벗어날 수가 없습니다. 그러므로 **한 가지 공부방법을 선택해서 흔들리지 말고, 또 스스로를 흔들지도 말고 그대로 지니고 가야 합니다.**

무명의 시작

중생은 누구나 다 불성佛性을 갖추고 있습니다. 또한 대우주법계에는 자정능력이 있습니다. 그런데 왜 중생계는 어지럽고 혼란스럽게 흘러가는가? 『능엄경』에서는 이에 대해 '광명생망光明生妄'이라는 표현을 내어 놓았습니다. 곧 원래 너무 밝고 예리하고 영리한데도, 더 **밝아지려는 망상을 내는 것이 무명無明의** 시작이라고 봅니다. 원래가 밝기 때문에 가만히 두면 밝게 작용을 하는데, 더 밝으려고 억지 조작을 붙이기 때문에 무명이라는 병이 생겨나게 되었다는 것입니다.

선방에서는 선을 하는 스님들에게 "자꾸 알려고 하지 말고 한 생각을 쉬어라."는 이야기를 자주 합니다. **'한 생각 쉬면 된다'** 이 말은 참으로 묘하고 또 모호합니다. '더 영리해지려고도 하지 말라. 더 똑똑해지려고도 하지 말라. **오히려 그 상태에서 한 걸음 후퇴해서 살펴보라'** 는 뜻입니다.

중국 당나라 때의 운문雲門선사 회상에 있던 현칙 스님이 열반하시기 전에 두 분 스님이 나누신 이야 기가 있습니다.

❊

80세가 넘은 현칙스님이 병이 들어 이제 열반하 실 시간이 다 되었을 때입니다. 운문선사는 마지막 가시는 길의 마음 단속에 다소나마 도움을 드려 야겠다는 생각으로 현칙노스님을 찾아갔습니다.

병든 현칙노스님은 조실이신 운문선사가 방으로 들어서는 것을 보고 억지로 일어나려 하였습니다. 운문선사는 말리면서 말했습니다.

"아픈 몸으로 일어나지 말고 그대로 편안히 누워 계십시오. 그리고 무슨 하고 싶은 이야기가 있으면 해보십시오."

이에 현칙노스님이 물었습니다.

"병종하처래(病從何處來 : 병이 어디에서 왔습니까?)"

운문스님이 답했습니다.

"종여문처래(從汝問處來 : 그대가 묻는 그곳에서 왔습 니다.)"

다시 현칙노스님이 물었습니다.

"문착전여하(問着前如何 : 내가 묻기 전에는 어떠합니까?)"

운문스님이 대답했습니다.

"산수허공와(散手虛空臥 : 손에서 빠져나와 허공에 누웠도다.)"

이 말씀 끝에 현칙노스님은 편안히 입적入寂 하셨습니다.

§

'병종하처래病從何處來'. 나 스스로도 내가 병이 들었다고 생각하고, 다른 사람들도 나를 보며 병이 들었다고 말을 하는데, '도대체 이 병이라는 것이 어디에서 왔느냐'고 물은 것입니다. 결국 '대우주의 모순이 어디에서 생겨난 것이냐'고 묻는 말입니다.

이에 운문스님이 '종여문처래從汝問處來'라고 답했습니다. 곧 나에게 질문하는 그 한 생각을 일으킨 거기에서 모든 모순이 벌어졌다는 뜻입니다. '당신이 모르니까 알아야 되겠다며 나에게 질문을 던지려고 하는 그것이 벌써 모순'이라는 뜻입니다.

'문착전여하問着前如何'. 그렇다면 '내가 질문하지

않고 가만히 있을 때에는 어떠한가?'를 다시 되물었습니다.

'산수허공와散手虛空臥'. 질문하려는 한 생각을 일으키기 전에는 그대로 다 이루어져 있다는 것을 이렇게 답하였습니다. 진리라고 하는 허공 가운데에서 우리가 눕고 싶으면 눕고, 앉고 싶으면 앉고, 가고 싶으면 가고, 오고 싶으면 오고, 마음대로 할 수 있다는 것입니다.

대우주 자체가 본래 지니고 있는 그 각覺의 차원은 누구나 다 똑같이 수용을 하고 누구나 다 똑같이 누리고 있는 것입니다. 다만 내가 엉뚱한 쪽으로 생각을 만들면 엉뚱한 쪽으로 돌아가 버립니다.

한 생각을 일으키면 전부 막혀 버립니다. 특별한 무엇을 인정하고, 특별한 무엇을 주춧돌로 삼으려고 하면 자꾸 모순이 생겨납니다. 한 생각 일으키기 전에 그대로 다 이루어져 있습니다.

그리고 한편으로 중생의 입장에서 보면, 대우주 법계의 각覺, 그 자정능력이 누구에게나 주어지고 있기 때문에 희망을 가질 수 있습니다. 또한 그 요구를 따라야만 제자리걸음을 하지 않고 향상할 수가 있는 것입니다.

우리 불자들은 잠룡사수潛龍死水를 하면 안됩니다. '잠룡사수'는 '물에 잠겨있는 용이 죽은 물을 만났다'는 뜻인데, 신라의 원효스님께서 정진하다가 어떤 차원에 막혀버린 사람을 꾸짖기 위해 한 말씀입니다. '향상이 없이 그 자리에 그대로 있는 상태는 못쓴다'라는 뜻으로 쓰인 표현입니다.

그러므로 우리는 늘 깨어 있어야 합니다. '늘 깨어 있으라'는 말은 정신을 바짝 차려, 어떤 일이 터지더라도 거기에 맞게 대처하는 능력이 구비되어 있어야 한다는 뜻입니다. 이 말은 꼭 화두를 하는 사람에게만 해당되는 말이 아닙니다. 염불을 하든 경전공부를 하든 봉사를 하든 기도를 하든 다 깨어있어야 합니다. 대우주의 각覺과 함께해야 합니다.

대우주의 생명체는 각각 모두가 똑같이 본래 지니고 있는 각覺의 능력이 있습니다. 똑같이 공유하고 똑같이 혜택을 누리고 있으므로, 이 깨달음의 능력으로 조각 조각 분석을 하는 쪽으로 가지 말고, 한 덩어리로 똘똘 뭉쳐 꾸준히 자기의 마음을 단속하고 깨어나는 쪽으로 가야합니다.

법계 자정능력의 발현

　실로 법계의 자정능력과 대법계의 각성覺性은 누구나가 본래부터 지니고 있는 것입니다. 하지만 그것 자체가 크게 움직이지는 않습니다. 그 움직임은 언제나 우리의 움직임과 함께 합니다.

　예를 들어 영가천도를 할 때에도, 법계 자체의 그와 같은 움직임과 후천적인 여러 사람들의 움직임이 합쳐져야 영가천도가 이루어집니다. 법계의 자정능력에만 맡겨서는 영가천도가 빨리 이루어질 수 없는 것입니다.

　만약 우리가 법계의 각성覺性과 자정능력을 '나'의 삶 속으로 끌어들이고자 하면 그에 맞는 노력부터 해야 합니다. 법계의 자정능력에만 의지하면 지금 현재의 물든 사회를 한꺼번에 변화시켜줄만한 강력한 힘이 분출되지 못합니다.

　오히려 중생의 욕망이 법계의 뿌리에 있는 자정능력을 침식해서 덮어버리고, 중생의 현재의 욕망이나 감정 등이 모든 것을 흐리게 만들고 탁하게 만들어 버립니다. 그러므로 욕망이나 번뇌를 가라앉히고, 모든 능력이나 힘을 집중시키는 교육이 필요합니다.

석가모니부처님께서 법계의 근본처에 돌아가 계시면서 우리 중생들을 위해 자비를 베풀어 주시고 지혜를 일러 주시지만, **내가 노력하지 않으면 그 힘은 나에게 미치지 않습니다.** 그 힘은 저절로 커지는 힘은 아닙니다. 오히려 현대 사회는 욕심이나 이기심이 부풀려져서 자꾸 안 좋은 쪽으로 흘러가고 있습니다.

그러므로 법계의 자정능력이 올바로 발현되게 하기 위해서는 한 두 사람의 힘으로는 되지 않습니다. 이 힘을 크게 하기 위해서는 어려서부터의 교육이나 사회운동 등이 일어나 많은 사람들의 기운을 모아나가야 합니다. 본래의 성품 자체에 구비되어 있는 힘을 모아 큰 힘으로 만들어야 이 사회를 변화시킬 수 있으며, 이렇게 하는 것이 바로 **대승불교의 근본인 자비행**인 것입니다.

이제부터 우리는 **참된 쪽의 훈습**熏習을 익혀나가야

합니다. 이 '훈습'이라는 말에는 '익힌다'는 뜻이 포함되어 있습니다. 향을 꽂아놓으면 향의 냄새가 우리도 모르는 사이에 의복 속으로 침투됩니다. 또 안개 속을 걸어갈 때 당장에 푹 젖지는 않지만, 오래 걷다보면 의복이 축축해집니다. 경우에 따라 의복을 짜면 물이 줄줄 흘러내리는 상태에까지 갈 수도 있습니다. 그런 상태가 결국 훈습입니다.

따라서 교육을 통하여 사람들이 후천적으로 나쁜 버릇이나 습관을 익히지 않고 좋은 방향으로 자꾸 익혀나가는 운동이 퍼져나갈 때 법계의 자정능력이 나타날 수 있는 것입니다.

유가儒家에서도 성선설·성악설이라는 이야기를 하지만, 성선과 성악의 힘은 미약하다고 볼 수 있습니다. 후천적인 행동이나 업 등, '우리가 어떻게 생활하고 어떻게 수행하느냐'에 따라 많은 변화가 있을 수 있기 때문입니다.

결국 대우주의 자정능력이 평소에는 잘 드러나지 않지만, '어떠한 인연을 만나느냐'에 따라 겉으로 크게 발현되기도 합니다.

우리가 무엇인가를 축원하고 기도를 드릴 경우,

스스로의 원력이나 힘 등이 법계의 자정능력과 만나 함께 움직이게 되면, 상식으로는 추측하기도 힘든 신비한 일이 벌어지기도 합니다.

중국 측천무후測天武后 천수天授 3년(692년)에 있었던 일입니다. 형주(衡州, 湖南省)에 사는 장익張鎰은 딸 둘만을 두었는데, 맏딸은 일찍 죽어 둘째인 장청張倩만을 기르며 살았습니다. 하나뿐인 딸인데다, 아주 총명하고 아름다워 더욱 정성을 다해 길렀습니다.

그렇게 지내던 어느 날 장익은 생질인 왕주王宙를 데리고 왔습니다. 왕주는 인물이 총명 준수할 뿐 아니라 장청과 어울려 너무나 의좋게 놀았습니다. 장익은 딸이 자라면 왕주와 짝을 지어 주겠다는 이야기를 자주 하였고, 장청과 왕주 두 사람도 장성하자 서로 애모하는 사이가 되었습니다.

그런데 갑자기 마음이 변한 장익은 딸을 재산 있고 권세 있는 집 아들에게 시집을 보내려 하였습니다. 이 소식을 듣고 장청은 가슴을 치며 답답해 하였고, 왕주도 어찌해야 할지를 몰라 울부짖었습니다. 그러나 장익의 태도는 냉담했습니다. 끝내 장익은 왕주를 서울로 쫓아 보냈습니다.

왕주는 쓰라린 마음의 눈물을 흘리며 배를 타고 얼마쯤 가다가, 한밤이 되었을 즈음에 한 여인이 강가에 있는 것을 보았습니다. 자세히 보니 장청이었습니다.

왕주는 정신이 번쩍 났습니다. 두 사람은 그 길로 함께 멀리 촉蜀나라로 가서 아주 행복하게 살았고, 어느덧 두 아들을 낳았습니다. 재산도 다소 모을 수 있었습니다. 그러나 두고 온 부모님 생각이 언제나 마음에 걸렸던 장청은 어느 날 남편에게 말했습니다.

"지난 날 저는 우리 사이에 맺은 무거운 정의情義를 저버릴 수 없어서, 부모님께 불효를 저지르며 당신을 따라왔습니다. 이제 아들까지 낳고 했으니 집으로 돌아가심이 어떻겠습니까?"

왕주는 장청의 말이 옳다고 하며 곧 배를 띄워 형주로 돌아왔습니다. 왕주는 아내와 아이들을 배에서 기다리게 하고, 먼저 장익에게 나아가 절을 올리며 말했습니다.

"오랫동안 문후도 드리지 못해 죄송합니다. 저는 그동안 은혜를 입어 장가를 들고 아들 둘을 얻었습니다."

"그랬느냐? 참으로 잘 되었구나. 그래, 어떤 집 규수와 결혼을 하였느냐? 왜 같이 오지 않았느냐?"

왕주는 그 여인이 장청이라는 것과 지금 저 아래 배 안에서 기다리고 있다는 이야기를 했습니다. 이에 장익은 크게 놀라 펄쩍 뛰었습니다.

"청이라면 지금 규중에서 2년째 꼼짝 못하고 몸겨 누워 중병을 앓고 있는 터인데, 그게 무슨 당치도 않는 소리냐?"

그러나 왕주가 거짓말을 할 사람이 아닌데다가 워낙 자신 있는 태도를 보였으므로 사람을 보내 확인토록 하였습니다. 잠시 후, 배 안에 장청이 아이들과 함께 있다는 가인家人의 보고를 받고 장익은 깜짝 놀라지 않을 수 없었습니다.

그는 부인에게 이야기를 하여 규중에 있는 딸을 살피게 하였습니다. 그런데 누워서 꼼짝을 못하던 딸이 이 소식을 듣고는 얼굴에 환한 미소를 띠며 곧 자리에서 일어나 몸매무새를 단정히 하는 것이었습니다.

　그 때 배 안에 있던 장청이 수레를 타고 집 앞에 이르자 집안에 있던 장청이 마중을 나왔습니다. 두 몸의 장청이 대문에서 서로 만나자, 두 몸이 가만히 합하여져서 한 몸이 되는 것이었습니다.

　놀란 장익이 왕주에게 말했습니다.

　"자네가 가고 나서는 청이가 전혀 말을 않고 항상 누워 취한 듯한 표정을 지으며 지냈는데 이제야 그 까닭을 알겠네. 청이의 넋이 그대와 함께 있었기 때 문임을 어찌 알았겠는가?"

　이 말을 듣고 있던 장청은 눈물을 흘리며 말했습 니다.

　"아버님 어머님께 그동안 걱정을 끼쳐 드려 죄송 합니다. 저는 제 몸이 집에 있는 줄을 전혀 알지 못 했습니다. 왕주가 한을 품고 집을 나가는 것을 본 순간, 저는 꿈 속에서 행동하는 사람마냥 정신없이 왕주가 타고 있는 배로 갔지만, 내 몸이 달려갔는지 집에 머물렀는지, 그런 의식은 전혀 없었습니다."

⚜

　요즘의 사람들은 이와 같은 이야기를 잘 믿으려

하지 않습니다. 하지만 우리나라·중국 등지에 전해오는 이야기에는 죽은 사람이 살아있는 사람을 데려가 같이 생활을 하기도 하며, 경우에 따라서는 넋이 몸을 떠나 또 하나의 몸을 만들기도 합니다.

결코 이와 같은 일들이 허구만은 아닙니다. 인간 세상에서 믿을 수 없는 이런 일들이 벌어지는 것은 법계의 자정능력의 기운과 우리의 기운이 서로 통하여 나타나는 현상입니다.

따라서 **법계의 자정능력이라는 기운에 연緣을 걸어 노력하면** 반드시 중생의 **업장이 소멸되고 기도가 성취될 수 있습니다.** 향상의 공부가 이루어질 수 있습니다.

기도를 하여 관세음보살이나 지장보살이 화현하여 상식을 넘어선 가피와 기적을 보여주는 것도, 영가천도가 이루어지는 것도, 모두가 이러한 원리에 따라 노력하기 때문에 가능한 일입니다.

각성覺性 그 자체인 법계, 자정능력을 지닌 법계와 지금 이 자리에서 살고 있는 중생은 결코 둘이 아닙니다. 따라서 우리는 게으름 피우지 않고 중단하지 않고, 꾸준히 노력하고 또 노력해야 합니다. 그 노

력에 의해 조금씩 조금씩 맑아지고 밝아지고 향상
하는 것이 부처님께서 천명하신 깨달음입니다.

절대로 **깨달음은** 그냥 아무 것도 없는 데서 툭 튀
어나오는 것이 아닙니다. **노력을 하고 정진을 해야
만 다가옵니다.** 노력을 하고 정성을 깃들여, 우주
법계가 본래부터 갖추고 있는 그 각성覺性이 '나'와
하나가 될 때 깨달음이 이루어지는 것입니다.

이렇게 한사람 한사람의 깨달음이 모이고 향상심
이 모여서, 욕망과 번뇌로 탁해진 우리 사회를 함께
향상시키고자 하는 움직임이 일어날 때, 법계의 자
정능력이 올바로 발현되어 이 세계는 불국토가 됩
니다.

부디 이와 같은 깨달음의 원리, 해탈의 원리를 잘
유념하고 공부하여 법계의 자정원리 따라 완전히
깨어나는 멋진 불자가 되기를 축원드립니다.

무엇이 부처인가?

절대유일이요 평등무차별

견성의 차원과 부처의 차원

절대유일이요 평등무차별

　우리 불자들은 '부처'라는 말을 자주, 그리고 즐겨 사용하고 있습니다.

　그렇다면 **무엇이 부처입니까?** 무엇을 '부처'라고 규정하고 있습니까? 선종에서 이야기하는 부처님과 교종에서 이야기하는 부처님은 같은 부처님입니까? 다른 부처님입니까?

　실로 '부처'에 대한 규정은 보는 관점에 따라 달라집니다. 하지만 참다운 부처는 교종에서나 선종에서나 다를 바가 없습니다. 과연 무엇을 '부처'라고 하는가? 이제 부처에 대한 일반적인 규정보다는, 내면적이요 실질적인 '부처'에 대해 살펴보고자 합니다.

　참선정진하는 선방에서는 '일여一如'라는 글씨를 써놓고, 이것을 부처라고 하는 경우가 종종 있습니다. 이때의 '한 일一'자는, '오직 이것 하나일 뿐'이라는 뜻입니다. 이 하나는 상대적인 모든 것이 다

끊어지고 상상이나 추측 등이 용납되지 않는 '절대
유일絕對唯一'의 하나입니다. 그리고 '같을 여如'자
는 '평등무차별平等無差別'을 뜻합니다. 현재 벌어져
있는 차별을 하나씩 하나씩 없애나가면 마지막에는
차별이 없는 평등한 차원에 도착할 수 있다는 의미
를 포함하고 있습니다.

다시 말해 '절대유일하다'는 것은, 내 마음 속에
서 일어나고 있는 생각이나 구상이나 감정 등이 어
느 누구도 추측하거나 상상하거나 간섭할 수 없는
나만의 것이라는 뜻입니다.

누구나가 다 가지고 있는 이러한 마음의 끝점에
대해서는 석가모니 부처님의 어린 시절의 이야기가
적절한 비유가 될 것 같습니다.

석가모니 부처님께서 태어나신지 일주일만에 어
머니 마야부인이 돌아가시자, 이모 마하파사파제
부인이 어린 태자를 맡아 키우게 되었습니다.

어느 날 마하파사파제 부인은 젖을 먹고 있는 어
린 태자의 정수리를 만져보려 하였습니다. 그러나

아무리 찾아봐도 태자의 정수리 끝이 만져지기는 커녕 보이지가 않았습니다.

정수리를 찾기 위해 그녀는 욕계 6천天·색계 18천·무색계 4천의 천상 28천天의 꼭대기까지 올라갔습니다. 하지만 마하파사파제 부인은 끝내 태자의 정수리를 볼 수 없었습니다.

⚡

이 이야기에서의 '정수리'는 누구나가 다 나름대로 간직한 마음의 끝점을 상징화시킨 것입니다. 낳고 기른 어머니도 아들의 마음 끝은 볼 수가 없고, 부부 사이에도 서로의 마음 끝은 간섭할 수가 없습니다. 그 마음의 끝은 절대유일의 자리입니다.

그와 동시에 우리 모두는 남자·여자, 아이·어른, 재주 있는 사람·둔한 사람, 유정·무정 등등으로 차별되어 있지만, 염불·참선·경전공부 등을 통하여 현재 벌어져 있는 차별을 없애나가면 누구나 마지막에는 평등무차별한 차원에 도달할 수 있는 존재입니다. 깨친다거나 도를 통한다거나 궁극으로 부처가 되는 차원은, 누구는 갈 수 있고 누구는 갈 수 없는 그런 차원이 아닙니다. 모두가 똑같이 누릴 수 있는 차원입니다.

불교에서는 **절대유일이면서 평등무차별한 이것을 부처라고 말합니다.**

따라서 평등무차별의 차원을 부정하면 참된 불교라고 할 수 없습니다. 그러므로 수행의 결과로 도달한 기쁨의 차원을 혼자만이 누릴 때 '소승小乘'이라 하여 배척을 하는 것이요, 그 기쁨의 차원을 모든 사람과 똑같이 나눌 수 있도록 노력하는 사람을 '대승보살大乘菩薩'이라 하여 존경하는 것입니다.

절대유일과 평등무차별 중 하나에만 치우치면 올바른 불교가 아닙니다. 절대유일에 갇혀버리면 불교의 참된 값어치가 없어지기 때문에, 평등무차별로 한 걸음 더 나아가야 합니다.

법당의 벽면에 많이 그려져 있는 심우도尋牛圖는 우리의 본래면목을 소에 비유한 것으로, 마음을 수련하는 과정을 소를 찾고 길들여 고향으로 돌아가는 모습을 열 폭의 그림으로 묘사하고 있습니다.

그 그림 중에는 소도 없어지고 소를 찾는 사람도 없어진 **일원상**一圓相의 그림이 있습니다. 이는 기도·염불·주력·참선 등의 수행을 하다가 시간과 공간이 뚝 떨어진 **삼매의 경지나 선정의 차원**에 해당됩니다.

이처럼 시간과 공간을 초월한 삼매를 수용하게 되면 절대유일의 세계에 이르게 됩니다. 곧 계수나무가 없는 맑고 깨끗한 달의 상태입니다.

그러나 달에는 계수나무가 있어야 합니다. 절대유일의 차원에서 한 단계 더 승화시켜 평등무차별의 세계로 올라서야 합니다.

대승불교에서는 이를 시간과 공간을 초월하고 주관과 객관이 없는 일여一如의 차원이라고 합니다. 절대유일하고 평등무차별한 이 일여의 원점은 무無이기 때문에, '선이다·악이다'라는 차별이 있을 수가 없습니다. '선·악'이라는 차별을 일으키는 것 자체가 벌써 번뇌고 망상이며, 잘못된 길의 시작인 것입니다.

겉으로 볼 때에는 선을 철두철미하게 실천하고 악을 철두철미하게 끊지만, 원점에서 이야기할 때에는 '내가 지금 착한 일을 한다', '착한 일을 해야 되기 때문에 한다', '착한 일을 했다'라는 등의 생각이 일어나지 않는 무념無念의 상태이기 때문입니다.

따라서 착한 일을 해도 하는 것이 없고, 나쁜 일을 끊어도 끊은 것이 없게 됩니다. 어디까지나 원점은 '무無'입니다. 반야심경에서는 이것을 '공空'으로 표현하고 있습니다.

현실적으로 볼 때는 분명히 '철두철미하게 착한 일을 하고 있고 철두철미하게 나쁜 일을 하지 않는다'는 것이 나타나지만, 그 일을 하는 당사자는 '내가 지금 나쁜 일을 하면 안 되기 때문에 하지 않는다'거나, '착한 일을 해야 되기 때문에 착한 일을 했다'라는 마음이 없는 **무념의 상태**에 있습니다.

그러므로 "악을 끊어도 끊은 것이 없으며 선을 행하여도 하는 것이 없다"고 하는 것입니다.

금강경에서 부처님께서는 "보살은 공덕과 복덕을 받지 않는다"는 표현을 하셨고, 이에 수보리 존자는 "왜 보살은 공덕을 받지 않습니까?" 하고 여쭈었습니다.

그 까닭이 무엇이겠습니까? 보살은 처음부터 댓가를 바라지 않기 때문에, 그 댓가에 흔들리지 않기 때문에 '복덕을 받지 않는다'고 한 것입니다.

그렇다고 보살이 실천한 일에 대한 댓가가 오지

않는 것은 아닙니다. 대우주의 모든 현상은 한 만큼 오게 되어 있습니다. 진정한 보살은 모든 고행과 선행과 노력을 기울이되, 그 댓가가 와도 그만이요 안 와도 그만이며, 복덕을 받았다고 하여 기쁨에 떨어지거나 받지 않았다고 하여 섭섭함에 떨어지지를 않습니다. 그렇기 때문에 '복덕을 받지 않는다'는 표현을 쓴 것입니다. 다시 말해 이는 **'무념으로 실천한다'**는 뜻입니다.

기독교에서는 선을 행하라고 하지만 불교에서는 '선도 생각하지 말아라〔不思善〕'고 합니다. 선이라는 생각이 일어날 때 응당 악에 대한 생각도 따라서 일어나게 되어 있습니다.

지금 김천에 살고 있는 이처사라는 분은 열여섯 살 때부터 약 삼십년 동안을 교회를 다녔습니다. 교회에 가서 설교를 듣거나 성경을 보면, '착하게 살아라, 착하게 살아라'고 하는데, 아무리 둘러봐도 교회에 다니는 사람들뿐 아니라 부인이나 형제들이나 자식들까지 성경의 가르침대로 착하게 사는 사

람이 보이지 않았습니다.

만나는 사람들 전부가 하느님의 말씀을 어기고 나쁜 길을 가고 있는 것을 보고, '착하게 · 착하게'라는 말씀 때문에 그는 노이로제에 걸렸고, 마침내는 돌아버리고 말았습니다.

그는 요양 차 산속에 있는 절로 들어가 한 일년을 지내다가, "선善도 하지 말아라. 선이라는 생각을 일으키지 말아라."라는 불교의 가르침을 듣게 되었습니다.

'선이라는 생각도 일으키지 말라'는 이 가르침이 그에게는 너무나 크게 들렸습니다. 결국 그는 선이라는 생각을 일으키지 않게 되었고, 그렇게 함으로써 마음이 굉장히 편해지는 것을 느꼈습니다.

예전에는 '착하게'라는 관념에 사로잡혀 착하지 못한 것을 보면 생각이 일어나고 간섭하게 되고 충돌이 벌어지고 다툼이 생겼지만, 선에 대한 한 생각마저 일으키지 않고 내버려두자 마음이 말할 수 없이 편안하게 된 것입니다. 그는 이 인연으로 불자가 되었습니다.

ᎄ

실로 착한 일이든지 나쁜 일이든지, 선이든지 악이든지 한 생각을 일으킬 때 주관과 객관을 비롯한 연대적인 허물들이 줄줄이 일어나게 되어 있습니다. 그래서 불교에서는 '선도 하지 말아라, 선이라는 생각을 일으키지 말아라'라고 하는 것입니다.

'언제나 이 시간과 공간의 구속을 받지 않고, 주관과 객관이 떨어져버린 일여의 차원에서 살아라'는 것입니다. 원점인 무에서 살아라고 가르치고 있습니다. 이것이 곧 절대유일이며 평등무차별한 차원입니다.

능엄경을 보면 부처님께서 문수보살에게 다음과 같은 질문을 던집니다.

"이 문수가 있느냐?"
이에 문수보살이 답합니다.
"문수일 뿐, 이 문수는 없습니다."

문수는 그냥 문수 하나일 뿐, '이 문수'가 생기면 벌써 '저 문수'가 생겨납니다. 한 생각을 일으키고 한 단어를 쓸 때에 이미 뒤따라서 상대적인 생각이 일어나게 되어 있으며, 상대적인 것들이 줄줄이 따라오게 되어 있는 것입니다. 그래서 '문수일 뿐, 이 문수는 없습니다' 라고 한 것입니다.

절대유일하고 평등무차별한 원점이며, 무無이고 일여一如한 차원은 이론적으로 이야기를 듣고 알 수 있는 세계가 아닙니다. 주관과 객관이 없고 안과 밖이 없으며, 크다·작다로 나눌 수가 없습니다. 멀다·가깝다는 규정을 내릴 수 없고 살았다·죽었다고도 할 수가 없는, 마지막까지 무어라고 표현할 수 없는 궁극점에 갈 때, 할 수 없이 '일여'라 하기도 하고 '부처'라 하기도 합니다.

견성의 차원과 부처의 차원

그러므로 화두·경전·염불·주력 등의 공부를 쉬지 않고 꾸준히 해나갈 때, 어떤 기운이 자꾸 뭉쳐져가다가 마지막에는 **그 기운이 똘똘 뭉쳐져서 '아! 이것'이라고 느낄 때, 그것을 견성**見性이라 하기도 하고 도를 통했다고 하는 것입니다. 이를 비유를 들어 설명해 보겠습니다.

집안의 할머니나 어머니께서 **된장찌개를 맛**있게 만들어 주셨는데, 들어가는 재료와 배합까지를 다 일러주어도 막상 젊은 딸이 해보면 그 맛이 안 나옵니다. 몇 번을 애를 쓰다보면 어쩌다 한 번쯤 '바로 그 맛'이 나올 때가 있습니다. 그러나 그 맛이 그대로 계속되지 않고 다음에는 또 맛이 달라져 버립니다. 그 맛이 아련하게 아쉬워 한 평생을 해보지만, 그 맛이 나올 때가 있고 안 될 때가 있습니다.

이처럼 '아! 이 맛'이라고 느끼는 그것을 견성이라 할 수 있습니다. 그러나 그 차원이 한 번 느껴졌다고 해서 그대로 유지되는 것은 아닙니다. 그 다음의 노력이 들어가야 합니다. 언제 어떤 자리에 가서도 그 맛이 흔들리지 않고 그대로 유지되도록 피땀이 나는 노력이 뒤따라야 합니다.

다시 **얼음과 물로 비유**해 보겠습니다. 얼음은 물이 얼어 있는 상태이므로, 얼음 그대로가 물이라고 할 수 있습니다. 얼음의 표면을 쳐다보고서, '아! 물이 얼었으니까 이것이 바로 물이다' 라는 것을 알게 되는 것이 견성이요 도통입니다.

그러나 얼음을 가지고 물로 쓸 수는 없는 것입니다. 어떤 방법으로든 얼음을 녹여야만 물로서의 작용을 할 수 있습니다. 물이 얼었으므로 얼음이 곧 물이지만, 얼음 그대로를 물처럼 쓸 수는 없습니다. 거기에 뒤따르는 노력이 반드시 들어가야 하는 것입니다.

또한 이러한 상태를 **어린 아기에도 비유**합니다. 아기가 어머니의 뱃속에서 이 세상으로 나올 때에 오장육부나 눈·귀·코 등의 신체의 구성 요건은 이미 그대로 다 구비되어 있습니다. 하지만 그 아기가 완전히 자란 성인과 같은 생각이나 행동을 할 수는 없습니다. 아기가 어머니 뱃속에서 바깥세상으로 딱 떨어지는 그 순간을 견성이나 도통에 비유할 수 있습니다.

완전한 한 인간으로서의 여건을 갖추기 위해서는 수십 년의 세월이 흘러가야 되듯이, 갓 태어난 깨달음의 불빛이 끊어지지 않도록 밝히기 위한 쉬임없는 노력이 뒤따라야 합니다. 그리하여 낮이나 밤이나 앉으나 서나 언제 어디에서라도 깨달음의 불빛이 환히 밝혀진 차원이 되어야 '부처'라고 합니다.

이 차원에의 도착은 이런 사람이라야 할 수 있고 저런 사람은 할 수 없는 것이 아닙니다. 누구든지 다 지니고 있기 때문에 **누구든지 하면 다 되게** 되어 있습니다. **그래서 평등무차별**이라고 합니다.

우리는 부처라고 하는 주춧돌을 지니고 있지만 세세생생 몸을 받을 때마다 색수상행식色受想行識이라는 오온五蘊의 과정을 거치면서 갖가지 감정을 받아들이고 대응하고 폭발시켜 왔습니다. 이것을 불교에서는 **지말번뇌**枝末煩惱라고 말합니다.

여기에 더하여 우리는 **근본번뇌**根本煩惱 또한 지니고 있습니다. 곧 대우주의 구성체와 동일한 원점인

깨끗한 불성자리에 때가 묻고 감정을 일으키면서
근본 번뇌·근본 무명이 생기게 되고, 이로 인해 생
각과 행동이 달라지게 되며, 시간이 흐름에 따라 점
점 더 때 낀 마음을 일으키게 됩니다. 이러한 상태
로 계속 흘러오다보니 부처자리를 잊어버리고 완전
히 번뇌에 빠져들게 된 것입니다.

　현재와 같은 상태로 때 묻은 쪽으로 자꾸자꾸 가
다 보면 자꾸만 나쁜 일을 저지르게 되고, 그 댓가
는 결국 고통이나 괴로움으로 밖에 올 수 없게 되어
있습니다.

　그렇다고 절망할 것은 아닙니다. 지금부터라도 정
신을 바짝 차리고 우리의 원점을 찾아서 들어가면
됩니다. 우리의 일상에서 때 낀 마음이 일어날 요소
들을 자꾸 극복하여 이겨내야 하며, 그쪽으로 감정
이 흐르는 것을 막아야 합니다.

　그렇게 자꾸자꾸 하다보면 '나'의 이 노력이 쌓이
면서, 때 낀 마음을 일으키지 않게 되고 그릇된 행
동을 하지 않게 되며, **'나'의 자세가 바르게 되면** 객
관의 세계에서도 그릇된 요소들이 차츰차츰 '나'에
게서 떨어져나가고 멀어져 가고 없어지게 되는 것

입니다.

결국 '내 몸이다 · 내 마음이다'는 구별조차 일어나지 않는 차원으로 몰아가서 그 차원을 체험해보면, 거기에는 시간과 공간도 없고 남녀도 없고 신도 인간도 없습니다. 그리고 무어라고 이름 붙일 수 없는 마지막 차원에 도착하게 됩니다. 이것이 바로 대우주와 우리의 주춧돌입니다. 이 자리가 바로 원점인 동시에 마지막 귀착점입니다.

이는 모두가 똑같이 갖고 있고 모두가 똑같이 누릴 수 있고 모두가 똑같이 이룰 수 있기 때문에 **절대유일하면서도 평등무차별입니다. 이것이 부처입니다.**

이를 잘 명심하시어, 참된 부처를 밝히는 참된 불자의 삶을 살아가시기를 깊이 깊이 축원드립니다.

소승과 대승불교

불교 교단의 분열

소승불교

대승불교

보살의 사상과 보살의 행

불교 교단의 분열

　불교는 크게 대승불교大乘佛敎와 소승불교小乘佛敎로 나뉘어집니다.

　대승불교·소승불교라는 구별은 구체적인 부처님의 말씀이나 부처님의 교법에 의한 것이 아니라, 불교교단의 분열 때문에 생겨난 것입니다.

　불교사를 통해서 보면 부처님께서 열반에 드신 100여 년 후에 교단에 분열이 생겨나기 시작하여 불멸佛滅 후 400년 까지 20부의 부파가 생겨나게 되었습니다. 이 시기를 부파불교시대部派佛敎時代라고 하며, 최초의 교단 분열에 대해서는 다음과 같은 이야기가 전합니다.

　부처님의 열반 후 100년이 지났을 때의 일입니다.

　계율을 철저히 지켰던 야샤스 비구는 동인도의 바

이샬리 거리에서 비구들이 신도로부터 금전을 받아 분배를 하고 있는 광경을 보았습니다. 그에게도 배분을 받으라는 권유가 있었지만, 그는 이것을 불법不法이라고 하면서 강력히 비난하고 거부했습니다. 이에 바이샬리의 비구들은 '교단의 결정에 따르지 않는 무엄한 행위'라 하면서 야샤스를 힐난했습니다.

야샤스는 카우샴비·마투라 등의 중부 인도와 서인도의 유력한 비구에게 이 사정을 호소하였고, 마침내 바이샬리 거리에 700명의 비구들이 모여들어 계율의 해석을 둘러싼 논쟁을 벌이고 경전을 편찬하게 되었습니다. 학자들은 이를 가리켜 '제2차 결집結集'이라고 합니다.

이 때 금전의 수수뿐만 아니라 관행으로 행하던 행위 중에서 '십사十事'를 놓고 동서에서 선정되어 모인 장로들이 열띤 논의를 벌인 끝에, 결국에는 이 모두를 불법不法으로 단정했습니다.

십사十事 중 몇 개만 예를 들겠습니다.

· 뿔로 만든 용기에 소금을 넣어 갖고 있다가 음식

물에 넣어 먹는 것이 합법인가, 불법인가?

· 수행자는 정오를 넘으면 식사를 할 수 없다. 그런데 정오에서 태양의 그림자가 손가락 두 마디만큼 지난 시각까지 식사 시간을 연장하는 것은 합법인가, 불법인가?

· 한 번 탁발을 하여 충분한 식사를 했음에도 불구하고, 또 다시 마을에 들어가 식사 대접을 받는 것은 합법인가, 불법인가?

· 수액樹液을 발효시켜 아직 알콜성분이 나오지 않은 음료를 마시는 것은 합법인가, 불법인가?

보수적인 장로들이 이 일들에 대해 '불법'이라는 쪽으로 결론을 맺자, 동인도의 진보적인 비구들은 이에 불만을 품고 새로운 교단을 만늘었습니다.이로 인해 불교교단은 보수적인 장로의 그룹인 상좌부上座部와 진보 성향의 비구들이 참여한 대중부大衆部로 분열하게 됩니다.

이것을 불교가 처음으로 분열한 '근본2부根本二部'라고 부릅니다. 그 뒤 대중부는 다시 9파로 갈리고, 상좌부는 11파로 나뉘어져, 소승 이십부파가

된 것입니다.

§

이 부파불교시대에는 전체가 소승적인 불교사상이라고 하여도 과언이 아닐 만큼 아직 대승불교의 사상은 싹이 트지를 않았습니다. 그러다가 점차 개혁적인 대중부 계통의 부파들에 의해 대승적인 사상과 이론이 발달하게 됨에 따라 사상적인 한계와 대립이 생겨나게 됩니다.

그리고 어느 대승 계통에서 소승 계통을 비웃고 비판하면서, '너희는 소승이요 우리는 대승'이라고 한 말에서 시작되어, 마침내 '대승불교와 소승불교'가 자리를 잡게 된 것입니다.

처음 '대승·소승'이라는 말이 생겨날 때는 '큰 사람이 타는 수레'라는 뜻으로 대승이라 하였고, '작은 사람이 타는 수레'라는 뜻으로 소승이라 하였습니다.

그런데 '큰 사람이 타는 수레, 작은 사람이 타는 수레'라고 갈라놓게 되면 전체가 다 탈 수 있는 수레가 없어집니다. 하지만 '큰 수레, 작은 수레'라고 하면 이 사람도 저쪽 수레를 탈 수 있고 저 사람도 이쪽 수레를 탈 수 있다는 융통성이 생겨납니다. 이 처럼 둘 사이에 막혔던 간격이 터지면서 큰 수레·작은 수레라는 뜻의 '대승·소승'으로 불리게 되었습니다.

그리고 **마침내는** 소승·대승이라는 구별이나 현 명하고〔賢〕 어리석고〔愚〕 크고〔大〕 작은〔小〕 차별 없 이, 일체 중생을 모두 구제할 수 있는 큰 수레라는 뜻으로 대승의 사상적인 의미가 확대되고 정착되었 습니다.

이제 이러한 이해를 바탕으로 대승불교와 소승불 교의 다른 점에 대해 살펴봅시다.

소승불교

소승·대승이나 할 것 없이, '우리의 육체에서 생기는 번뇌를 어떻게 이겨내고 극복하느냐' 하는 것은 참으로 큰 문제가 아닐 수 없습니다. 대승이나 소승이나 결국은 이 번뇌를 극복하는 것을 요점으로 삼고 있습니다.

그런데 우리의 육체에서 생겨나는 번뇌를 처리하는데 전력을 다 쏟아 부어, 재와 같이 아무것도 남지 않게 몸을 없애버리고 지혜마저도 없애버린다는 사상이 '회신멸지灰身滅智'라는 것입니다.

다시 말해서 몸과 마음을 함께 완전한 무無의 상태로 만드는 것, 원래의 무에 귀착을 시켜 번뇌를 없애버리는 차원이나 경지를 일컬어 회신멸지라고 하는데, 이 **회신멸지가 소승불교의 최종 목적지입니**다.

이해하기 쉽게 예를 들어보겠습니다.

선종에서 '견성見性을 했다'고 할 때는 마음의 해

탈을 얻은 상태입니다. 이러한 상태에서는 더 가야 할 지혜의 길이 이미 끝나버렸지만, 아직 육체가 있는 동안은 고통과 괴로움이 끊일 날이 없습니다.

그러다가 이 육체가 죽음이라는 차원에 이르러 없어져버리면, 그때는 모든 괴로움도 함께 없어져버립니다. 곧 몸과 마음을 함께 닦아 **완전한 무無에 귀착시켜 번뇌를 없앤 경지가 바로 회신멸지요**, 이를 일러 **무여열반**無餘涅槃이라고도 합니다. 아무것도 남음이 없는 열반이라는 뜻입니다.

결국 이 회신멸지의 차원, 무여열반의 차원이 일종의 허무주의에 빠진 사상이라고 대승계통에서는 비판을 하지만, 소승불교 수행자들에게는 최상이요 궁극적인 이상인 것입니다.

이러한 회신멸지를 바꾸어 말하면 나무가 타고 난 뒤의 재처럼 되는 것으로, 통도사 극락암에 계셨던 경봉스님께서는 자주 말씀을 하셨습니다.

"견성 · 견성하지만, 견성은 식은 재맛이다."

옛날 사람들이 화로에 불을 담아 사용하였는데, 그 따뜻한 기운을 여러 가지로 활용하였습니다. 음식을 구워먹기도 하고, 담뱃불을 댕기기도 하고, 손을 쬐기도 하였습니다. 그러나 이 불이 다 꺼져버리고 돌보는 사람도 없이 몇 달이 지나고 몇 년이 지나면, 그 화로에 무슨 취미가 붙고 무슨 맛이 붙겠습니까?

'회신멸지'라고 하는 것은 결국 몸을 재와 같이 만들어서 돌보는 사람, 걸리는 것 등이 모두 사라진 차원입니다. 소승의 수행자들은 이 회신멸지의 결과에 만족을 하므로, 고행을 하거나 계율을 지키는 등의 형식적인 데에 중점을 두어 완전한 무無로 돌아가는 것을 자기의 이상으로 삼습니다.

따라서 자기 고뇌의 멸진滅盡, 자기 번뇌를 없애는 테두리에 얽혀 남을 돌보아줄 시간도 없고 거기에서 한 걸음도 진보하지 못하는 것이 소승불교라고 볼 수 있습니다. 자기의 만족, 소극적인 이기주의에 매달려 있는 것입니다.

하지만 소승불교라고 하여 구경의 깨달음이나 증도證道를 내버리는 것은 아닙니다. 그들은 열심히 도를 닦아 이루고자 합니다. 그리하여 번뇌에서 벗어나고자 합니다. 다만 자기의 해탈에만 매달려 있다는 것입니다.

앞에서, '육체에서 일어나는 번뇌를 없앤다'는 것은 정情의 장애, 인정人情의 장애를 없애는 것으로, 대승이나 소승의 구분 없이 똑같습니다. 이를 '번뇌장煩惱障을 끊어서 없앤다'고 하는데, 대승불교에서는 이 번뇌장에 더하여 **소지장**所知障까지 다시 끊어 없애는 것을 목표로 하고 있습니다.

소지장에 대해서는 대승불교를 설명할 때 자세히 말씀드리고, 여기에서는 우리 불자들이 꼭 알아두어야 할 번뇌장에 대한 풀이를 하겠습니다.

번뇌장은 우리들의 몸과 마음에서 생기는 번뇌 중에서, 주관체인 **육체를 뿌리로 해서 생기는 번뇌**를 말합니다. 이 번뇌를 '장障'이라 한 까닭은 이 육체에서 생기는 번뇌가 장애물이 된다는 뜻에서 입니다.

번뇌장은 일상생활에서도 가끔은 느낄 수가 있습니다. 술을 좋아하는 사람은 술을 먹으면 안되는 자리인데도 불구하고 술이 먹고 싶어서 견디지 못할 때가 있습니다. 술을 먹고 싶은 생각에 빠져 의논하는 일이나 계획하는 일에 차질이 생기는 경우도 있게 됩니다. 이것이 바로 번뇌장입니다. 곧 번뇌가 바로 장애물이 되는 것입니다.

‘내다·내다’라고 하는 아집我執이 뿌리가 되고 여기에 따르는 번뇌가 부속물이 되어, 몸과 마음을 어지럽게 만들어서 육도 윤회라는 번뇌의 과보를 받게 됩니다. 다시 말하면 번뇌로 인해 유정 중생들은 길이길이 적정寂靜이나 적멸寂滅이나 해탈解脫에서 점점 멀어지게 되는 것입니다.

이렇듯 아집, 곧 ‘나’에 대한 집착이 뿌리가 되어서 생겨난 번뇌들이야말로 해탈의 장애물이 되기 때문에 ‘번뇌장’이라고 하는 것입니다.

결국 번뇌장을 끊고 진리의 길로 나아가 목적지까지 도착하여 증도證道하는 것은 소승 대승 모두의 필수입니다. 다만 소승은 몸의 형식을 주로 삼아 이 몸을 구속시키는 금욕주의적인 수행을 합니다. ‘내다’라고 하는 것을 주체로 삼기 때문에 생겨나는 번뇌장을 끊어버리기는 하지만, 열반의 청량함·즐거움·편안함에 집착하는 자리행自利行에 안주하고 맙니다. 자기 혼자만의 해탈에서 멈추어 이타利他의 행으로 나아가지 못하고, 이타행을 실천하지 못합니다. 이것이 바로 소승인 것입니다.

대승불교

앞에서 말씀드렸듯이 대승大乘은 '큰 수레 (Mahayana, 마하야나)'라는 뜻입니다. 일체중생을 모두 구제한다는 의미를 담고 있습니다.

소승불교가 무여열반無餘涅槃을 구경의 목적지로 삼는데 반해, **대승불교는 유여열반**有餘涅槃**의 차원입니다.**

유여열반이란 보살이 수행을 하여 마음의 **해탈을 얻었어도,** 중생의 고통이 남아있는 한 중생과 같이 괴로워하면서 **중생을 남김없이 구제하기 위해 이 세상에 머물러 있는 차원입니다.**

소승이 몸의 형식을 중심으로 삼는데 반해, 대승은 마음의 형식을 주로 삼습니다. 우리의 마음을 주춧돌로 삼아 몸과 마음의 수행을 꾀하는 것입니다.

정情의 장애, 곧 우리 육체에서 일어나는 번뇌장을 없애는 문제에 있어서는 소승불교나 대승불교나 입장이 똑같습니다. 여기에 더하여 대승불교는 소지장의 문제로까지 나아갑니다.

소지장所知障**이란** '우리가 도착해야 할 목적지를 장애한다'는 뜻입니다. 앞의 번뇌장은 나 자신이 장애를 만드는 것이고, 이 소지장은 우리가 성불을 하기 위해 노력할 때 바로 이 성불을 가로막는 장애입니다.

소지장이라고 할 때의 소지所知는 **진제**眞諦**와 속제**俗諦**라는** 두 진리의 차원입니다. 불교에서 말하는 진제는 모양을 떠난 진리의 이치를 일컫는 말이며, 속제는 세속에서 현재 벌어지고 있는 물질체에 포함되어 있는 이치를 이르는 말입니다.

달리 말하면 **진제는 근본지**根本智**의** 차원이고, **속제는 후득지**後得智**의** 차원이라 할 수 있습니다.

비유하자면 어머니의 뱃속에서 갓 태어난 아기에게는 이것과 저것을 분별하는 지혜는 없습니다. 그러나 그 아기가 갖고 있는 본래의 영역이라는 것이 있습니다. 이것이 **근본지**에 해당합니다. 붉다·푸르다·남자다·여자다 따위의 차별에 해당하는 지혜가 아닌, 진리와 한 덩어리가 되는 차원의 것으로 진제에 속합니다.

이에 비해 이 아기가 커가면서 '불은 뜨겁다·물은 흘러가는 것이다·너는 남자다·나는 여자다' 등등의 여러 가지를 배워서 얻어내는 지혜를 **후득지**라고 합니다. 이는 현재 사회에서 처세하는데 필요한 것들을 배워 나가는 것으로 속제에 해당됩니다.

결국 **소지장이란**, 우리가 '**지혜를 가지고 하려는 일을 장애한다**' 는 뜻입니다.

번뇌장은 아집我執을 뿌리로 삼았기 때문에 일어나는 번뇌 자체가 장애물이 되는 것이요, 소지장은 법집法執이 뿌리가 되어 생겨나는 장애입니다. 근본지나 후득지나 출세간의 법이나 세간의 법이나 모두 법(法)입니다. 이 법집이 뿌리가 되고, 망상·분별·아만 등의 부속물들이 줄기나 잎이 되어 우리가 도착해야 할 목적지를 장애한다는 뜻입니다.

『능엄경』에서는 **객진번뇌**客塵煩惱라는 표현을 쓰고 있는데, 이는 객번뇌와 진번뇌를 합한 단어입니다. **객번뇌**客煩惱란 우리 주변에서 일어나는 덩어리가 좀 큰 쪽에 해당되는 번뇌를 이르는 말로, **번뇌**

장이 이에 해당됩니다. 이에 반해 **진번뇌**塵煩惱는 아주 작고 미세하여 깊이깊이 관찰하지 않으면 알 수 없는 차원의 번뇌를 이르는 말로서, **소지장**이 이에 속합니다.

여기에서 한 가지 질문을 던지겠습니다. 번뇌장만 끊는 소승의 수행이 어려울까요? 번뇌장과 소지장을 함께 끊는 대승의 수행이 어려울까요?

얼른 생각하면 금욕주의를 지향하는 소승불교의 수행이 더 힘이 들고 어려운 것 같이 느껴지고, 폭이 넓고 대범한 대승불교는 수행하기에 쉬운 것처럼 느껴질 수가 있습니다. 그러나 대승의 수행이 훨씬 더 어렵고 힘이 드는 것입니다.

불살생계不殺生戒를 예로 들어보겠습니다.

소승에서는 마음속으로 '저 나쁜 놈! 죽여 버려야 되겠어' 라는 생각이 아무리 강해도, 직접적으로 죽이지 않으면 불살생계를 파했다고 여기지 않습니다.

그러나 대승에서는 '저 놈을 죽여 버렸으면 좋겠다' 라는 생각이 일어날 때 벌써 살생을 저질렀다고 봅니다. 비록 겉으로는 안 일어났지만 '죽여 버리고 싶다'는 마음이 일어난 것만으로도 불살생계를 어겼다고 보는 입장입니다.

이와 같이, 소승은 술이 마시고 싶어 죽을 지경이라도 술병에 손을 대어 술을 마시지 않으면 파계가 아니지만, 대승에서는 '아! 술'이라는 마음이 일어날 때 벌써 파계를 한 것이 됩니다.

소승불교하면 아주 까다롭고 실천하기 어려운 불교로 생각하지만 실체는 그렇지 않습니다. 겉으로 보기에는 작은 데에 구속받지 않고 대범하게 마구 행동해도 괜찮은 것이라고 착각들을 하고 있기 때문에 대승불교의 수행이 쉽게 느껴질 뿐, 실제로는 결코 쉽지 않은 것이 대승불교입니다.

이제 대승불교가 얼마나 실천하기에 어려운가를 알려주는 사리불 존자의 일화를 함께 음미해 봅시다.

소승의 아라한인 사리불舍利弗 존자가 대승보살의 마음을 일으켰습니다. 이를 안 제석천왕은 하늘에서 내려와 대승불교의 첫번째 덕목인 보시로써 사

리불 존자의 대승심大乘心을 시험하고자 했습니다.

"거룩하십니다, 존자시여. 존자께서 대승심을 발하셨으니 가지고 계신 것을 저에게 보시하심이 어떻습니까?"

"무엇을 드릴까요?"

"눈을 하나 주십시오."

사리불 존자는 잠깐 동안 고민을 했습니다. 한쪽 눈이 없으면 얼마나 불편해지는지를 알기 때문이었습니다. 하지만 '버리는 것'을 가르치기 위해 보시행을 실천하도록 했던 부처님의 뜻을 분명히 알고 있었으므로, 아까운 생각이나 아픔에 대한 생각을 버리고 한쪽 눈을 뽑아주었습니다.

상식적으로 생각하면 이것만 하여도 보통 보시가 아닙니다. 죽은 다음에조차 장기기증을 하지 않으려는 우리의 현실을 생각해보면 감히 상상도 할 수 없는 일입니다.

하지만 제석천왕은 피가 철철 흐르는 눈알을 받아들자마자 침을 탁탁 뱉은 다음 땅바닥에 집어던져 발로 짓이겼습니다. 사리불 존자는 화가 치밀어 따졌습니다.

"그렇게 할 것을 무엇 때문에 달라고 하셨소?"

그러자 제석천왕이 말했습니다.

"아깝습니까? 일단 주었으면 끝을 내어야지. 주고 나서 내가 한 행동을 지켜보고 화까지 낸다는 것은 '못 버렸다'는 증거 아닌가요?"

가장 소중한 눈알이 필요하다고 해서 눈알을 보시하였는데, 땅바닥에다 집어던진 다음 발로 밟아 문질러버렸으니, 얼마나 화가 나고 허무했겠습니까? 그러나 참으로 대승보살심을 발한 보살이라면, 보시를 하고 나면 그뿐입니다. 내가 준 다음에 그것을 구워먹든지 집어던지든지 저쪽 사람의 소관이지 나하고는 상관없는 일입니다.

그런데 사리불이 진심瞋心을 내어버렸으니, 보살심이 후퇴해버린 것이 됩니다. 이처럼 대승불교를 실천하기란 힘이 들고 어려운 것입니다.

소승이 정情의 장애인 번뇌장만을 끊는 것을 목표로 삼는데 비해, 이보다 더 쉬워 보이면서도 실제로는 더 어려운 소지장까지 극복하고 항복을 받아야 하는 것이 대승입니다.

다시 한번 말씀드립니다. **대승의 수행자는** 번뇌장과 소지장의 두 장애를 다 끊고, 아집과 법집을 함께 없애 아공我空·법공法空의 차원에 도착해야 됩니다. 그러한 차원에서 **보살의 길에 올라 자리행과 이타행을 실천하는 것이** 대승불교입니다. 곧 보살의 사상이 바로 대승의 사상이요, 보살의 행이 대승의 행인 것입니다.

보살의 사상과 보살의 행

보살을 범어로는 '보디사트바(Bodhisattva)' 라고 합니다. '자각自覺을 향해서 나아가는 유정중생' 이 바로 보살입니다. 여기에는 어떠한 중생도 다 포함됩니다. '의식적' 으로 보리를 구하는 중생, '의식적' 으로 자각을 구하는 중생 모두를 보살이라고 할 수 있습니다.

만약 '무의식적' 이라면 어느 누가 보리菩提를 향해 가고 있는지 분별이 안 됩니다. 무의식적이면 어느 누가 향상을 하고 있는지, 어느 누가 제자리걸음을 하고 있는지, 후퇴를 하고 있는지 알 길이 없습니다. 그러므로 짐승이라도 좋고 벌레라도 좋습니다. 그 자신이 의식적으로 자각의 길을 보다 잘 가려고 애를 써서 나아가는 중생이라야 보살입니다.

'모든 중생에게는 다 불성이 있다' 는 일체중생 실유불성一切衆生 悉有佛性의 입장에서 보면 모두가 보살일 수 있습니다. 그러나 이 말은 어디까지나 이치상의 말이요, 엄격히 따져보면 실제로 보리를 향해서, 자각을 향해서 **의식적으로 향상하려는 노력**을 하는 유정중생이 아니면 보살이라 할 수 없습니다.

'보리'를 보통 진리라고 풀이합니다만, 나는 이 **보리**를 '**자각**自覺'이라고 표현을 해보았습니다.

불교에서 말하는 **자각의 사상은** 세속에서 이야기하는 자각과는 다릅니다. 차별을 각성하는 상대적인 자각이나 남을 공격하는 적대적인 자각이 아닙니다. 불교의 자각은 자기 자신의 자각인 동시에, 남을 깨닫게 해주는 힘과 노력인 각타覺他를 함께 갖추고 있는 자각입니다. 즉 **스스로도 깨달으면서 남도 깨닫게 하는 자각**입니다.

따라서 **이 자각은** 위 없는 자각이요, 큰 깨달음의 자각이요, 대우주적인 자각이요, 가장 뛰어난 해탈의 자각이요, 일체종지一切種智를 갖춘 성자의 대자각입니다. 이것이 보리입니다.

부처님께서는 이러한 자각을 가지고 자기 향상의 지혜 활동을 통하여 최고의 궁극점에 도착하신 분입니다. 동시에 일체중생을 동일한 자각으로 인도하기 위한 각타의 일을 이 세상에서 실현하신 분입니다. 또한 각타의 일을 세상에 실현하신 부처님의 자비활동慈悲活動이 바로 이타행이요 보살행입니다.

일반적으로 보살행이라고 하면 어려움 속에 있는 중생을 건져주고 구제해주는 것으로 생각합니다. 그러나 무턱대고 건져주는 것이 아니라, '중생 스스로 자기를 깨닫게 하는 자각'을 주는 구제입니다.

일체 중생을 자각시키는 힘이나 능력을 가진 분이 부처님이요, 이러한 능력을 갖고서 응용하고 실행하는 자비활동을 하는 분이 보살입니다.

따라서 자기의 이상에 의지하여 일체 중생을 교화하고 인도하여 궁극에 이를 수 있도록 진보시키고 향상시키는 것이 대승불교의 이상이요, 이러한 이상을 실현시키기 위한 활동이 보살행인 것입니다.

보살행을 실천하고자 하는 보살은 소승과 같은 회신멸지 · 무여열반에 들어가지 않습니다. 중생과 같이 고락苦樂을 나누어 가지므로, 마음의 해탈은 얻었지만 몸의 해탈은 구하지 않습니다. 곧 윤회를 내버리지 않고 윤회의 바퀴를 따라 돌아가 줍니다.

하지만 윤회의 뿌리가 되는 번뇌에는 물들지 않습니다. 보살은 위로는 보리를 구하고 아래로는 중생을 교화하는 '상구보리 하화중생上求菩提 下化衆生'을 자기의 본업本業으로 삼고 있기 때문입니다. 이러한 보살이 대승의 힘을 발한 보살, 대승의 이상을 목적으로 하는 보살인 것입니다.

보살은 근본지根本智인 출세간의 지혜[眞諦]를 증득하여 궁극에 도착하였지만, 다시 거기에서 아래로 향하여 중생을 제도하는 후득지後得智인 세간의 지혜[俗諦]를 얻어, 중생을 구제하는 이타의 길에 들어갑니다. 이와 같은 보살행이 바로 대승불교요, 보살의 사상이 대승불교의 사상인 것입니다.

대승불교권에서 태어나 대승불교를 믿고 배우고 닦고 증득하고자 하는 이 땅의 불자들은 이상과 같은 대승불교의 핵심을 이해하여 참다운 보살이 되어야 합니다. 우연인 것 같지만 이 땅의 불자로 태어난 까닭! 그것은 대승의 보살이 되어 보살의 길을 걸으라는데 있습니다.

부디 이를 잊지마시고, 보살불교를 구현하는 참다운 불자가 되시기 바랍니다.

불교는 나를 돌아보는 공부

여시아문

나를 뒤돌아보라

내 곁의 사람이 모두 부처님이다

늘 가족의 고마움을 생각하라

여시아문

과연 불자인 우리들은 부처님의 가르침을 얼마나 잘 믿고 있으며, 잘 받아들이고 있습니까? 나에게 필요한 말은 받아들이고 나에게 적당한 말은 받아들이되, 조금이라도 힘이 들거나 거북한 말에 대해서는 거절을 하고 있지는 않습니까?

이러한 자세로 삶을 이어가면 우리에게 인간으로서의 향상向上이 단절되어 버립니다. 가정에서도 이러한 삶의 자세로 살아가면 부모자식 사이의 좋은 관계가 끊어져 버리고, 조상 대대로 이어져온 집안의 전통이 끊어져 버리며, 이 나라의 미풍양속도 모두 떨어져 나갑니다.

부처님의 경전은 언제나 '여시아문如是我聞'으로 시작됩니다. **'이와 같이 나는 들었다.'** 이 '여시아문'이 얼마나 중요한 뜻을 담고 있는 구절인지, 과연 우리 불자들은 잘 알고 있습니까?

부처님께서 열반에 드신 직후, 그 교법이 흩어지

는 것을 막기 위해 5백 제자들이 한 곳에 모여 저마다 듣고 외웠던 부처님의 말씀을 이야기하고, 그 내용의 옳고 그름을 논의하여 부처님의 정법正法을 편집한 제1결집第一結集이 있었습니다.

그 때 법상에 올라가 결집을 주도했던 아난존자는 분명히 진리를 깨친 분이셨고, 그 자리 또한 자기 소리를 분명히 할 수 있는 자리였습니다. 자기의 견해와 자기의 실력을 가지고 부처님에 관한 이야기를 할 수도 있었고, 부처님께서 하신 일에 대해 주석을 달 수도 있는 자격을 갖춘 어른이셨습니다. 하지만 법상에 올라갔을 때의 아난존자의 첫 말씀은 '여시아문' 이었습니다.

여시아문如是我聞! 이 '여시아문' 이라는 단어 속에는 어떠한 뜻이 간직되어 있습니까? '**완전히 믿습니다. 저는 그 말씀을 믿고 따를 뿐입니다**' 라는 뜻입니다.

부처님을 믿고 있는 우리들은 지금 여시아문이 되고 있습니까? 단연 아닙니다.

불교뿐만이 아닙니다. 이 사회 전체가 여시아문이 잘 되지 않습니다. 과연 얼마나 많은 분들이 조부모의 말씀이나 부모의 말씀에 대해 '여시아문' 하는 자세로 믿고 순종하고 있습니까? 또 스승의 말씀에 순종하는 제자는 얼마나 됩니까?

지금의 사회는 여시아문이 참으로 많이 끊어졌습니다. 한번 스스로에게 물어보십시오.

'나는 이 집의 사람으로서 이 집안의 풍속을, 조상 대대로 내려온 이 집안의 대의를 잘 받아들이고 있으며 복종하고 있는가?'

만약 '아니다' 라는 답이 나오면 그 집안 후손으로서의 자격이 없습니다.

부처님의 집안도 똑같습니다. 우리 불자들에게 중요한 것은 여시아문이 되는 것입니다. '**이유 없이 순종합니다.** 여기에 더 이상 나는 말을 붙이지 않고, 순종합니다 **그대로 받들어 가집니다**' 라는 마음가짐이 필요합니다.

우리 어렸을 때는 절 집안에서 이와 같은 '여시아문' 이야기를 많이 들으며 자랐습니다.

일제강점기 때 경남 사천의 다솔사에서 있었던 일

입니다.

다솔사 주지 스님으로 계시던 최범술 스님이 한 달 동안 전국고승대회를 열었는데, 그 시골의 조그마한 절에 일본 13개 종파의 고승들이 모두 모여 세미나 겸 법담法談을 주고 받았습니다.

우리나라의 예식을 하는 대표자로 쌍계사에 계시던 범해梵海스님이라는 어른이 한국의 불교예식에 대해 강의를 했습니다.

스님께서는 '한국의 불교 예식의 전통적인 천도재인 영산대재靈山大齋를 행할 때, 예식 중간에 '아아훔' 또는 '아'라는 소리를 각 게송을 읽는 중간 중간에 넣을 때가 있다'는 내용의 강의를 하셨는데, 일본 종파의 한 승려가 질문을 했습니다.

"그것이 무슨 뜻이며, 왜 거기에 그 소리를 넣습니까?"

그때 범해스님은 말씀하셨습니다.

"나는 그 뜻을 모릅니다. 그리고 왜 거기에 '아아훔' 또는 '아'라는 소리를 넣었는지 모릅니다. 옛날 어른들이 그렇게 하셨고 또 그렇게 하라고 배워서 할 뿐입니다."

이 말씀에 그 자리에 모였던 일본 전국의 고승들이 감격을 하여 박수를 치면서 격찬했습니다.

"참으로 부처님의 법을 지켜내는 사람의 자세입니다."

바로 이것입니다. 비록 까닭은 모를지라도 조건을 붙이지 않고, 자기 소리를 붙이지 않고 그대로 지킨다는 것! 그대로 지킨다는 이것이 중요합니다. 이것이 여시아문입니다.

그대로 지키기! 집집마다 부모자식 사이에 이것이 지켜집니까? 이것이 지켜지지 않기 때문에 상하노소의 자리가 흔들리고, 전통이 무너져버립니다. 한 집안의 전통이 그러하고 풍속이 그러하면 그대로 따를 뿐, 거기에 조건을 붙이기 시작하면 무너지는 것입니다.

부처님의 경전 첫머리에 '여시아문' 이라는 말이 나오는 까닭이 여기에 있건만, 지금은 가정에도 사회에도 이것이 무너졌고, 불교 집안에도 이것이 무너져 버렸습니다.

요사이 참선한다는 스님네 중에는 앞서 가신 도인

들이나 스승의 말씀에 나름대로의 해석을 가하면서 자기가 한 소식을 한 것처럼 착각을 하는 이가 있습니다만, 이것은 공부인의 객기客氣일뿐, 진짜 공부 방법이 아닙니다. 그는 이미 공부에서는 어긋나버린 사람입니다.

올바른 부처님의 제자라면 말을 걸어야 할 자리와 말을 걸지 말아야 할 자리를 분명히 알아야 합니다. 그칠 자리인데도 그칠 줄을 모르고, 끝난 자리를 확인하지 못하면 올바른 공부인이 아닙니다. 아직도 진리에 눈이 안 뚫려 있다는 증거입니다.

가정생활에서도 마찬가지입니다. 부모가 해온 일, 조상들 대대로 내려온 일, 이유 없이 순종해야 될 일, 거슬러서는 안 되고 중단해서는 안 되는 일을 가정에서도 정확하게 알아야 합니다.

부처님 경전의 첫 구절인 '여시아문' 이라는 말이 어떤 말인가를 되돌아보십시오. 나는 '여시아문' 의 뜻을 잘 알고 있는가? 그렇다면 '여시아문' 을 실천하고 있는가를….

이제 부처님의 가르침을 요약해 봅시다.

나를 뒤돌아보라

영원한 즐거움에 이르는 법을 가르쳐 줄 스승을 찾던 사리불舍利弗 존자는 어느날 길에서 부처님의 최초 다섯 제자 가운데 한 사람인 마승馬勝 비구를 만났습니다.

마승비구는 코끼리왕이 길을 가듯이 앞만 보고 갈 뿐 이리저리 돌아보지 않았으며, 돌아보더라도 사자처럼 온 몸을 돌려서 보는 것이었습니다. 사리불은 마승비구의 걷는 모습을 보고 느낀 바가 있어 물었습니다.

"존자는 어떠한 분이시며, 누구를 스승으로 모시고 있습니까?"

"나의 스승은 카필라국의 왕자로서 출가하여 부처님이 되신 고오타마요."

"어떠한 법을 배우셨습니까?"

모든 법은 인연을 좇아 생겨나고
그 인연이 다하면 사라지느니라

諸法從緣生　제법종련생

諸法從緣滅　제법종련멸

마승비구는 이 구절을 노래로 부르고 지나가면서 말을 이었습니다.

"우리 부처님께서는 항상 이러한 법문을 설하십니다."

이 한마디에 사리불은 크게 깨달아 부처님께 귀의하였습니다.

❧

제법종연생 제법종연멸諸法從緣生 諸法從緣滅. 부처님께서 항상 설하신 이 법문을 달리 풀이하면, 모든 일은 인연에 의하고 순서에 따라서 이루어지며 순서에 따라서 흩어진다는 가르침입니다.

그런데 우리는 어떻습니까? 지금 이 순서를 잘 지키고 있습니까?

아마 아닐 것입니다. '나'의 욕심만 가지고 동동

거릴 뿐, 대우주의 순서를 지키지 못합니다.

대우주의 순서는, 씨앗을 뿌리면 싹이 트고 그 다음에 줄기가 생기고 가지가 생기며, 잎이 나고 꽃이 핀 다음에 열매가 맺게 되어 있습니다.

이것이 대우주의 순서이지 않습니까? 이 순서를 지키려고 애를 씁니까? 이 순서를 생각이나 해보셨습니까? 그리고 자식들에게 인간의 순서를 가르친 적이 있습니까?

"이 세상은 이렇고 이러한 순서로 되어 있으며, 이 순서를 지키는 사람이 인간이다. 너도 이 순서를 지키는 사람이 되어야한다."

이러한 이야기를 아들이나 손자에게 한 번이라도 해보셨습니까? 이것 하나를 유지하지 못하고 가르치지 못하는 사람이라면 어른의 자격이 있다고 할 수 있겠습니까?

대우주세계의 원리 원칙은 큰 것이건 작은 것이건 똑같습니다. 이러한 원리 원칙을 지키는 것이 인간이요, 인간의 걸어갈 길이라는 것을 일러주신 분이 부처님이십니다. 미처 앞뒤도 생각하지 못하고, 선인지 악인지도 구별조차 못하고, 해야 될 일과 해서는 안 될 일을 가릴 줄 모르는 우리에게, '인간이면 인간이 가야 할 이 길을 가야 된다'고 일러주신 분이 부처님이십니다.

'**인연과 순서대로**'**라는** 대우주세계의 원리 원칙에 **순종하라**는 말씀, 모든 것이 원리 원칙에 의해서 이루어졌다가 원리 원칙에 의해 소멸이 되므로 이것을 잘 지키라는 말씀, 이러한 가르침을 주신 분이 부처님이십니다.

그런데도 지금 우리의 가슴 속은 어떻습니까? 번뇌망상의 불이 펄펄 끓고 있지 않습니까?

왜 원리원칙을 잊고 속을 끓이며 살고 있는가? 그 까닭은 바로 '나' 때문입니다. '나' 때문에 아무 것도 이룰 수 없습니다. 마음의 평화도 행복도 이룰 수가 없습니다.

실로 순리대로 살고, 평화롭고 행복하게 살고자 하면 남을 건너다 봐서는 안 됩니다. 나를 뒤돌아보고 나를 단속해야 합니다.

우리는 불교를 믿으면서도 나를 뒤돌아볼 줄을 모

롭니다. 자꾸 건너다보면서 남이나 저쪽을 탓할 뿐, 내가 잘못을 저질렀다는 생각을 못합니다. 그런데 부처님은 어떻게 가르쳐 주셨습니까?

"너를 뒤돌아봐라. 너를 단속할 때 모든 것이 거기에서 다 이루어진다. 남을 건너다보지 말고 너를 뒤돌아보아라."

이것이 부처님의 가르침이십니다. 불교를 믿는 사람은 나를 뒤돌아볼 줄 알아야 합니다. 나를 뒤돌아볼 줄 모르는 사람은 절에 가도 소용이 없습니다.

불자들이 절에 다니면서 천 배·이천 배·삼천 배 절을 하지만, 진실로 절의 가치를 알고 하는지, 무엇 때문에 절을 하는지를 분명히 알고 있습니까?

나를 뒤돌아보는 사람에게 부처님의 가르침이 소용이 있는 것이지, 나를 뒤돌아볼 줄 모르고 내 앞의 욕심을 이루기 위해 절에 다니는 사람에게는 부처님의 가르침이 아무 소용이 없습니다.

불교 집안의 공부는 똑같습니다. 똑같은 원리 원칙아래 그대로 다 이루어집니다. 나를 뒤돌아보고, 자기의 잘못에 대해서는 피눈물을 흘리면서 참회해야 합니다. 거기에서 공덕이 생겨나고 영험이 나타나는 것이지, 나의 욕심만으로는 아무 것도 이루어질 수 없습니다.

내가 알고 지내는 부산에 사는 택시 기사님이 있습니다. 그 기사님은 한달에도 두 세 번씩 생각이 나면 우리 절로 찾아오셔서 나에게 이런저런 이야기를 하다가 돌아가시는데, 그 분을 보면 늘 '참 거룩하신 분이다'는 생각을 하게 됩니다.

그 분이 젊었을 때의 일입니다. 그는 노름을 즐기고 술을 많이 마셨고, 가정을 거의 돌보지 않았습니다. 그러다가 마침내 집안이 파탄이 나버렸습니다. 부인이 자리를 이탈해버린 것입니다.

그때 대학 1학년에 들어간 딸은 술과 담배를 하고, 고등학교 1학년이 된 아들은 눈앞에 아버지고 어머니고 안 보일 지경에 이르렀습니다.

지나간 시간에 무슨 원결이 맺혔던지, 그는 아들이 어렸을 때부터 한번 매를 들기 시작하면 죽어라고 두들겨 팼다고 합니다. 내 자식이라는 생각도 잊어버리고 이 아이가 무슨 실수를 했다는 것도 잊어버리고 그 어린 것을 그저 죽어라 두들겨 팼던 것입니다.

그런데 고등학교에 들어가면서부터 아들은 아버지와 정면대립을 하여 대들고 싸웠으며, 자연 온 집안이 공중분해를 하게 되었습니다.

그때 그는 백 걸음을 양보하면서 가족을 향해 참회를 하기 시작했습니다.

"전부 제 잘못입니다. 용서 하십시오."

바람이 나서 바깥으로 도는 부인을 향해 땅바닥에 꿇어 엎드려 절을 하고 또 하여 마침내 가출했던 부인을 제자리로 돌려놓았습니다.

퇴근을 하여 밤늦게 집에 들어올 때마다, 술에 취해 대문 앞에 쓰러져 있는 딸을 방에 데리고 들어가 보살펴주고, 이튿날 새벽에 약국 문을 두드려 술 깨는 약을 사다가 먹여가면서 그 딸을 다독거려 제자리로 돌아오게 만들었습니다.

아버지라고 하면 눈에 불을 켜고 달려드는 아들에게도 지극정성으로 참회하며 보살펴 결국은 아들도 제자리로 돌려놓았습니다.

지금 그의 집안은 늘 웃으면서 서로에게 감사하는 마음으로 살아갑니다. 부인이 공장에 다니면서 벌어오는 돈으로 네 가족의 생활비를 대고, 그는 택시에 스님네의 법문 테이프 수십 개를 싣고 다니면서, "참 내용이 좋습니다. 하나 얻고 싶습니다"하는 사람들에게 무료로 나누어줍니다.

그뿐만이 아닙니다. 술 취한 사람이 타서 어떻게 애를 먹이던, 끝까지 그 사람을 집에까지 태워다주고 방에까지 눕혀주고 나옵니다. 시골에서 올라온 할머니가 타면 몇 시간이 걸리더라도 가야 할 집까지 꼭 모셔다드립니다.

곁에 노름하는 사람이 있으면 그 사람을 제자리로 돌려놓고, 집안 싸움이 많은 이웃을 보면 말리고 화해시켜 온 집안 식구들을 제자리로 돌려놓으며 살고 있습니다.

§

나는 그 기사님을 볼 때마다, 어떤 스님이나 어떤 학자나 어떤 사람보다도 훌륭하다는 생각을 늘 합니다.

지금 우리는 '나'의 욕심으로 허우적거리고 아귀처럼 싸우며, 가서는 안 될 자리로 마구잡이로 가고 있습니다. 이러한 우리들을 향해 부처님께서는 말씀하십니다.

"인간으로 돌아가라. 인간으로 돌아가서 인간으로서의 네 자리를 지켜라."

부디 '나'를 뒤돌아보십시오. 내가 바로 서 있지 않다면, 내가 있을 자리에 있지 않고 나의 자리를 이탈해 버렸다면, 다시 나의 자리로 돌아가야 합니다. 자주자주 나를 뒤돌아보고 단속하여 부처님의 가르침에 어긋나지 않는지를 살펴야 합니다.

내 곁의 사람이 모두 부처님이다

이제 내 곁 사람에 대해 이야기해 봅시다. 결론부터 밝히면, '내 곁 사람은 모두가 부처님'입니다.

나를 찾아오는 불자들에게 나는 다음과 같은 첫 질문을 자주 던집니다.

"부처님을 어떻게 섬기십니까?"

이는 '**내 가족이라는 부처님을 어떻게 섬기고 계십니까?**' 하는 질문인데, 대답은 엉뚱한 쪽으로 향합니다. 이어 나는 한 가지 질문을 더 던집니다.

"예불은 어떻게 합니까?"

이는 '우리 **아버지·어머니라는 부처님** 앞에서 자**식된 도리를 하면서 살아가고 있습니까?**' 하는 질문인데, 이 또한 바로 알아듣지를 못합니다.

부처님을 착각을 하지 마십시오. **우리 집이 바로 법당이고 내 가족이 바로 부처님입니다.**

부처님을 먼데서 찾지 마십시오. 부처님은 가장 가까운 데에 있습니다. 내가 부처님입니다. 내가 부처이기 때문에 내 곁의 사람이 모두 부처입니다. 우리 아버지가 부처님이요 우리 어머니가 부처님입니다. 내 남편이 부처님이요 내 아내가 부처님입니다. 내 아들 딸이 부처님입니다. 먼데서 부처님을 찾지 마십시오.

불교는 살아나는 것을 배우는 종교가 아닙니다. 불교는 죽는 것을 배우는 종교입니다. '나'가 죽는 것을 가르치는 것이 불교입니다.

집집마다 '나' 때문에 싸움이 벌어집니다. '나' 때문에 내외간에 싸움이 벌어지고, 부모자식 사이에 싸움이 벌어집니다. 여기에 '나'가 죽어버리고 우리 집이라고 하는 '나'가 살아나야 합니다.

작은 나인 소아小我가 죽으면서 우리 가족이라고 하는 보다 큰 '나'가 살아나야 하고, 대한민국이라는 대아大我가 살아나야 합니다. 이것이 불교의 가르침입니다.

그런데 우리는 이 조그마한 '나'에 얽혀 있는 욕심 때문에 큰 것을 다 죽여 버립니다. 큰 것을 살리고 작은 것을 죽이는 것이 불교이지만, 욕심을 충족시키고 이 작은 '나'를 붙들기 위해 큰 것들을 전부

다 죽여 버립니다. 그렇게 함으로써 무한한 과보를 만들고, 한없는 복을 털어버리는 결과를 낳고 있는 것입니다.

부처가 무엇입니까? 빛깔도 모양도 소리도 냄새도 없는 것이 부처입니다. 불교가 무엇입니까? 빛깔도 모양도 소리도 냄새도 없는 이것을 주춧돌로 삼는 것이 불교입니다. 그러나 우리는 물질로 이루어진 이 몸을 '나'의 주춧돌로 삼고 있습니다. 빛깔과 모양과 소리와 냄새를 '나'의 주춧돌로 삼고 있기 때문에 처음부터 계산이 빗나가 버린 것입니다.

이 '나'를 죽이고, 빛깔도 모양도 소리도 냄새도 없는 것을 주춧돌로 삼아 계산을 하면, 그 세계에는 모순이 있을 수 없습니다. 아무 것도 없으므로 모순이 붙을 자리가 없습니다. 그러나 그와 같은 부처님의 세계를 벗어나면 전부가 모순입니다.

불교에는 일체의 모든 법의 이치를 그 성질에 따라 세 가지로 나누어 설명하는 '**삼성**三性'이라는 교리가 있습니다.

첫째는 **변계소집성**遍計所執性입니다. 이리저리 나름대로 헤아리고 억측을 부려 집착하는 성질이 있다는 것으로, 범부의 어리석고 허망한 소견으로 일체의 사물에 대해 실체가 있는 것처럼 잘못 아는 착각입니다.

둘째는 **의타기성**依他起性입니다. 다른 인연에 의하여 생긴 만유萬有를 말합니다.

셋째는 **원성실성**圓成實性입니다. 현상의 본체를 일컫는 것으로, 원만·성취·진실한 진여眞如를 말합니다.

곧 원만한 진리인 원성실성이 다른 것을 의지하면서 생기는 모습이 의타기성이요, 이 의타기성을 착각해서 잘못 풀이하는 것이 변계소집성입니다.

다시 말해 빛깔도 모양도 소리도 냄새도 없는 것이 원성실성의 원점이요, '나'라고 하는 것은 인연의 힘으로 생긴 의타기성인데도, 자꾸만 이 의타기의 '나'를 원점으로 삼을 때 변계소집성이 되는 것입니다.

비유를 하자면 짚이라고 하는 원점이 인연의 힘에 의해 이루어진 것이 새끼줄입니다. 이 새끼줄을 언뜻 잘못 보고 '앗! 뱀!'이라는 생각을 합니다. 이것이 변계소집입니다. 그런데 이 몸을 '나'라고 생각하는 것과, 새끼줄을 보고 뱀이라고 하는 것은 똑같은 변계소집의 현상입니다.

새끼를 보고서 "저것은 새끼요. 원점은 짚이야." 이렇게 이해하면 탈이 없습니다. 그런데 새끼줄을 보고 "앗, 뱀이다."라고 할 때부터 계산이 전부 빗나갑니다.

'뱀한테 물리면 큰일 난다. 저걸 어떻게 피해야 되고 어떻게 쫓아보내야 하나….'

이렇게 새끼줄을 뱀으로 착각하고 나름대로의 계산을 전개시키면 원점과는 점점 멀어지게 됩니다. 이와 같이 이 몸을 '나'라고 할 때 계산은 모두 빗나갑니다.

그러므로 이 몸을 절대 '나'라고 붙들지 마십시오. 이 몸은 인연의 힘으로 이루어진 것입니다. 그러므로 인연임을 정확하게 보아야 합니다.

우리가 이 몸을 '나'라고 하는 것은 새끼줄을 보고 뱀으로 착각하는 것과 똑같습니다. 새끼줄을 뱀이라고 착각을 할 때부터 '물리면 큰일 난다. 물리면 죽는다. 몽둥이를 가져다가 때려 죽여야 한다. 어디로 집어던져야 한다….'는 등의 갖가지 망상이다 일어나듯이, 이 몸을 '나'라고 할 때부터 모든 망상이 일어나기 시작하고 삶이 전부 잘못되어 버립니다.

이렇게 가르치는 것이 불교입니다. 따라서 우리의 일상을 잘 생각하여 지금 모인 인연을 나쁜 쪽으로 끌고 가지 마십시오. 변계소집 쪽으로 끌고가지 마십시오.

그럼 어떻게 하여야 변계소집 쪽이 아닌 원성실 쪽으로 나아갈 수 있는가? '나'를 붙들고 가지 말아야 합니다. **'나'를 붙들고 있으면 결국 떠나지를 못합니다.**

우리는 세세생생 버릇이 들어 있습니다. 시간적으로 따질 수 없는 아득한 옛날부터 붙들고 늘어지는 버릇만 자꾸 들여서, 이 몸을 '내다' 하며 붙들고, '내 아버지·내 어머니·내 남편·내 부인·내 자식'이라 하면서 붙들고만 살아 왔습니다. 그리하여 이것을 놓아버리면 의지할 데가 없는 것처럼 불안해하고, 어떻게 할 줄을 모릅니다.

불교라고 하는 것은 '나를 죽이면서 주위의 모든 것을 순하게 풀어가라'는 가르침입니다. 부처님의 가르침을 주춧돌로 삼아 '나'를 이기고 우리 집을 유지하고 사회를 유지하면 그 사람이야말로 불교를 믿는 불자입니다.

따라서 우리 집이라는 법당에서 내 가족이라는 부처님을 잘 섬겨야 합니다. 우리 집이 바로 법당이요, 내 가족이 바로 부처님입니다. 아침 · 저녁으로 내 가족이라는 부처님 앞에 삼배를 하면서 축원을 하십시오.

"내가 당신에게 잘못한 모든 죄를 참회 드립니다. 용서하십시오. 당신이 건강하시고 당신이 바라고 원하는 일을 모두 성취하십시오."

이렇게 할 때 마음에 맺힘이 풀어지면서 집안의 운이 살아나고, 집안으로 복이 들어오게 됩니다. 그리고 내가 정성껏 하는 이 절이야말로 공덕이 있고 영험이 있다는 것을 스스로 알게 됩니다.

나의 절에 다니는 부산 괴정동의 어느 보살님이

체험한 이야기입니다. 보살의 시어머니는 일흔 살이 조금 넘어 치매에 걸려, 대소변을 가리지 못하고 횡설수설하며 온 집안을 엉망으로 뒤집어 놓았습니다. 보살은 도저히 감당을 할 수가 없어, 남편과 의논을 한 끝에 시어머니를 병원에 입원 시키고 간병인을 붙여 시중을 들게 하기로 결정을 했습니다.

그런데 어떻게 연결이 되었는지 나에게 오는 다른 신도들이 그 사실을 알고 충고를 했습니다.

"그 사람이 누구냐? 바로 네 어머니이지 않느냐? 네 어머니를 네가 시중들지 않고 누구에게 맡긴다는 소리냐? 힘이 들어도 네가 해야지, 어떻게 남의 손에 맡길 수 있느냐?

네가 지금 그 일을 회피하면 이것이 원인이 되어 과보를 받게 된다. 나중에 나이가 들어 아파 누울 때, 너의 아들딸이 네 곁을 떠나버리는 결과가 네 발등에 떨어진다는 것을 왜 생각을 하지 못 하느냐?

우리 스님께서 가족들에게 절을 하라고 시키지 않았더냐? 그러니 시어머니 방 쪽을 쳐다보면서 아침에도 삼배하고 낮에도 삼배하고 저녁으로도 삼배를 드려라. '당신께 잘못한 것, 모두 참회 드립니다. 용서 하십시오' 하면서 절을 해야 된다. 아이들에게도 시키고 남편도 하루 세 번 어머니께 삼배를 드리면서 참회하도록 당부해라."

이 말을 듣고 며느리 되는 보살은 병원에 입원시키는 것을 포기하고 집에서 대소변 수발을 하면서, 하루 세 차례 시어머니를 향해 삼배를 드리며 정성을 다해 모셨습니다.

그러기를 만 석 달이 지난 어느 날 한낮쯤 되었을 때, 시어머니 방의 청소를 하고 뒤치닥거리도 하기 위해 방문을 열고 시어머니 방으로 막 들어가고자 하였습니다. 바로 그 순간, 방에서 이미 돌아가신 시할머니가 나오시는 것이었습니다. 그것도 꿈이 아닌 생시에 방문 앞에서 서로 딱 마주보게 되었으므로, 그 보살은 자기도 모르게 할머니를 불렀습니다.

"아, 할매!"

"오냐, 나 이제 간다."

그 말만 남기고 시할머니는 문을 열고 밖으로 싹 나가버렸습니다. 그런데 그 시간 이후, 치매에 걸려 횡설수설하고 대소변을 가리지 못하던 시어머니의 치매 증세가 다 없어져 정상으로 되돌아왔습니다.

지금은 온 가족이 시어머니를 모시고 웃으면서 살고 있습니다.

⚥

기껏해봐야 하루에 세 차례 삼배씩의 절을 몇 달 계속한 결과, 이러한 영험이 나타난 것입니다. 그러므로 나는 늘 불자들에게 부탁을 드립니다.

"내 가족 앞에 무릎을 꿇는 사람이 되어라."

'나' 를 죽이고 언제나 곁에 있는 내 가족들의 고마움을 생각하면서, '나는 내 가족의 고마움에 얼마나 보답을 하고 있는가' 를 되돌아보며 살아야 합니다.

하늘과 땅 사이의 만물 중에서
사람이 가장 귀한 존재이다

天地之間 萬物之中 唯人最貴 천지지간 만물지중 유인최귀

유가의 이 가르침은 석가모니 부처님의 '천상천하 유아독존天上天下 唯我獨尊' 이라는 말씀과 똑같은 뜻입니다. 사람이면 사람의 자리에 서서 사람이 가야 할 길을 가야 된다는 가르침입니다.

그러나 요즘 사회를 보면 인간의 자격을 포기하며 살아가는 사람들이 너무 많은 것처럼 여겨지기도 합니다. **사람들 사이의 약속은** 단지 사람들만의 약속이 아닙니다. 그것은 **대우주와의 약속이고 맹세입** 니다. 대우주의 약속을 깨뜨릴 때, 우리 눈에 보이지는 않지만 대우주의 회초리가 바로 '나'에게로 떨어집니다. 이것을 우리는 생각하지 못하고 살아갑니다.

한 집안을 들여다보면 윗대 어른들의 가슴에 응어리가 맺힌 집안일 경우, 자식이나 손자 대에 와서 안 좋은 일들이 벌어지는 경우를 많이 볼 수가 있습니다. 바로 대우주의 이치에 의해 이와같은 일이 벌어지는 것입니다.

영靈의 세계는 우리 인간들의 세계보다 더 불안합니다. 일년 열두 달을 가봐야 물 한 모금 떠 먹을 자리가 없는 영들이 많습니다. 불안하고 의지할 데가 없는 경우가 허다합니다.

또한 영계靈界의 법도 우리 인간의 법과 같아서, 도둑질을 하게 되면 도둑질의 과보가 떨어지고 거짓말을 하게 되면 거짓말의 과보가 떨어지며, 남에게 해롭게 하면 남을 해친 과보가 떨어집니다. 그래서 영들은 아무에게나 달려들지를 못합니다.

그러나 또 어디든지 한번 들러붙게 되면 잘 떨어지려고도 하지 않습니다. 갈 자리가 없고 의지할 데가 없어 불안하기 때문입니다.

그러므로 절대로 '싫다'는 생각으로 '내쫓아야지, 떼어버려야겠다'는 마음으로 대하면 안 됩니다. 오히려 그분들을 위해서 진심으로 염불을 해주고 정성으로 경을 읽어주어야 합니다.

"우리와 함께 지혜를 배우시고, 지혜의 힘으로 밝은 나라에 가십시오."

"제가 이렇게 염불을 해드리는 공덕으로, 경을 읽어드리는 공덕으로, 부디 부처님의 말씀을 듣고 지혜를 얻고 밝은 나라에 가서 편안하게 사십시오."

이와 같이 축원하면서 정성스럽게 해야 합니다. 정성 '성誠'이 빠지면 아무 것도 이룰 수 없습니다. **가슴의 응어리가 남으면** 응어리가 남은 나 자신도 좋은 나라에 갈 수 없게 되고, **내 아들·내 손자도**

절대 편안할 수 없습니다.

집집마다 어른들이 이 이치는 생각하지 않고, '내다·내다'에 집착하여 '너는 내 자식이니까, 너는 내 손자니까'에 붙들려 살고 있습니다. 대우주의 이치가 어떤 것인지? 대우주의 생성 상태가 어떤 것인지? 대우주의 법이 무엇인지를 모르기 때문에, 그저 어리석은 한 생각에 붙들려 벗어나지를 못합니다.

이미 가신 분이나 현재 집안에 있는 분들을 위해 부지런히 축원하여 가슴의 응어리를 풀어드리면, 집안의 운이 살아나고 집안의 기운이 살아나게 됩니다.

불자의 일상생활이란 크게 어려운 것이 아닙니다. 늘 조심하며 부처님의 계율을 지키고 부처님의 가르침에 젖어서 살면 됩니다. 내 가족이라는 부처님을 잘 섬기면서, 참되고 진실되게 살아갈 수 있도록 이끌어주시는 부처님의 가르침 속에서 살아가면, 하는 일마다 부처님의 자비로운 은덕이 함께 하고 있음을 체험하게 됩니다.

늘 가족의 고마움을 생각하라

내친 김에 한가지 더 당부를 드리겠습니다.

불자들은 서로서로 "고맙습니다 · 감사합니다" 하는 속에서 살아야 합니다. 서로에게 허리를 숙이고 "수고하셨습니다 · 참 고맙습니다"하는 마음으로 살아야 합니다. 내 가족의 고마움을 내가 먼저 생각을 하고, 내 가족이 나에게 얼마나 고맙게 해주는가를 생각해 봐야 합니다.

그런데 많은 사람들은 가족의 고마움을 돌아보지 않고 삽니다. 왜 이렇게 되는 것일까요? 누누히 강조하지만, '나'의 욕심 때문에 내 가족의 고마움이 눈에 들어오지 않는 것입니다. 가정에 불화가 생기면 전부 남이 저지르는 것처럼 생각합니다.

그러나 **집집마다 집안의 운을 절단내고 재수를 파괴하는 사람은** '나' 자신입니다. 남편이나 부인이나 아들이나 딸의 탓이 아닙니다. 나 자신이 복을 닦지 못하고, 나 자신이 공덕을 쌓지 못하고, 나 자신이 무너뜨리고 파괴하는 것입니다.

그러므로 가족의 구성원인 내가 우리 가족에게 어떻게 봉사를 하느냐? 가족의 고마움을 알고 어떻게 가족의 은혜에 보답을 하느냐가 참으로 중요합니다. 나는 40여 년 전부터 불자들에게 가르쳐 왔습니다.

“자식들은 부모에게 절을 하고 부모는 자식에게 절을 하며, 남편은 아내에게 절을 하고 아내는 남편에게 절을 해라.”

그런데 절에 와서는 몇 시간씩 절을 하고 몇 천배씩 절을 하면서 ‘내 가족이라는 부처님’ 앞에는 참으로 무릎이 굽혀지지가 않습니다. 왜 그럴까요? ‘나’가 살아 있기 때문입니다.

이 ‘나’가 살아 있는 동안은 안 됩니다. 나가 떨어져나가야 합니다. 나가 떨어져나간 자리에 ‘우리 가족’이 들어서야 합니다. 개인적인 ‘나’로 살아서는 안 됩니다. 우리 가족이라는 ‘나’, 우리 집·우리 사회라는 ‘나’로 살아야 합니다.

적어도 부처님께서는 그렇게 보셨습니다. **우리 집이 바로 '나'고, 내가 사는 사회가 '나'이며, 여기의 주인 또한 '나'입니다.** 나를 단속하면서 욕심 쪽으로 가지 말고, 고마움을 생각하며 고마움에 대해 나는 얼마나 보답을 하고 있는가를 생각해야 합니다. 이것이 부처님의 가르침이요, 여기에 보살의 실천이 따르게 됩니다.

불교는 실천의 종교입니다. 말 몇 마디 잘 하는 것이 불교가 아닙니다. 실천이 따라야 합니다. 작은 일 하나에도 실천이 따라야 합니다. 그러기 위해서는 **남을 건너다보지 말고, 나를 뒤돌아보고 나를 단속해야** 합니다.

집집마다 돌아보십시오. 절에 다닌다는 불자들의 가정에 짜증과 화의 먹구름이 가득합니다. 가족 서로가 내뿜는 독기 속에 살아가고 있습니다. 때로는 이러한 독기가 큰 불행을 몰고 오는 것입니다.

내가 울산에 있을 때 학성선원에 다니던 어느 보살이 겪은 일입니다.

그녀가 결혼을 하고 보니 시집의 분위기는 자라났던 친정의 환경과 너무도 달랐습니다. 서로가 이해하고 용서하는 집안이 아니라, 독한 소리·사나운 소리를 마구잡이로 쏟아내는 분위기여서 도저히 살아낼 자신이 없었습니다. 그녀의 입에서는 "나는 이 집에서 못살아, 나 이혼하고 갈 거야."라는 소리가 저절로 나오게 되었습니다.

아이를 임신하고서도 "나는 이 아이 안 낳을 거야, 수술을 해버리고 이혼할거야. 나는 이 집에서 못살아."라는 무서운 맹세를 뱃속의 아이에게 수도 없이 하였습니다.

엄마의 무서운 칼질 속에서 태어난 아이는 여섯 살이 되던 해에 뇌성마비에 걸렸습니다. 그녀가 이 아이를 업고 나를 찾아 왔을 때 아이의 나이가 열네 살이었지만, 신체 발육은 대여섯 살 정도에 불과했고, 말도 못하고 대소변도 못 가리는 상태였습니다.

"무슨 해결책이 있겠습니까? 잘못했다고 참회하는 길 밖에 없습니다. 시간 나는 대로 아이를 포옹해 주되, 절대 엄마의 가슴이 두근거릴 때는 아이를 안지 마십시오. 엄마의 가슴이 조용할 때 아이를 안아주면서 아이에게 마음으로 대화를 하십시오.

'엄마가 잘못했다. 너에게 참회한다. 미안하다. 건강하게 자라나서 너의 원을 따라 사회에 이바지하는 사람이 되어라.'

이렇게 축원을 하면서 죽어라고 참회하는 길 밖에 달리 다른 방도가 없습니다."

나는 어머니에게 이렇게 일러주고, 아버지에게도 당부를 드렸습니다.

"집에 와서 짜증이나 신경질을 부리지 말고, 아이한테는 절대로 기분 나쁜 소리나 가시 돋힌 소리를 하지 마십시오. 백 걸음을 양보해야 됩니다. 아이를 비록 완전한 사람으로 만들지는 못할지라도, 제 발로 걷고 말이라도 제대로 할 수 있게 하는 방법은 오직 이 길밖에 없습니다."

❀

이 이야기처럼, 부모의 마음가짐이나 성격이 태어나는 아이에게 무섭도록 영향을 끼친다는 것을 우리는 잘 생각을 하지 않고 있습니다. 아이를 향한 축원!

만약 임신을 한 어머니라면, 뱃속의 아이에게 다음과 같은 축원을 할 줄 알아야 합니다.

'고맙습니다. 보잘것없는 나를 의지해주셔서 고맙습니다. 자리가 불편하지만 잘 계시다가, 밖에 나오시면 당신의 원을 따라서 사회에 이바지하는 분이 되소서.'

또한 아이가 태어나면 축원을 하십시오.

'고맙습니다. 건강하게 자라나셔서 당신의 원을 따라 이 사회에 이바지 하는 분이 되소서.'

정녕 우리 불자들은 부처님의 집안에 들어와서, 욕심으로 하는 기도만 하였지, 부처님 은혜에 대한 고마움도 생각하지 못하고, 대우주의 원리 원칙도 모른 채 막 살아가고 있지는 않습니까?
이제 인간 본래의 자리로 돌아가서 고마움들을 고마움으로 받아들일 줄 알아야 합니다. 내 가슴 속에 가족에 대한 고마운 마음이 늘 자리를 잡고 있어야 합니다. 나아가 그 고마움에 보답하는 행이 뒤따라야만 합니다.

거꾸로 살아서는 안 됩니다. 절에서는 고함이나 짜증·신경질을 부리지 않으면서, 내 가족이라는 부처님 앞에서는 짜증을 내고 소리를 지르며 거꾸로 가서야 되겠습니까? 우리 집이라는 법당에서, 내 가족이라는 부처님 앞에서 소리 지르거나 신경질을 부려서는 안됩니다.

그리고 작은 고마움에도 두 손을 모을 줄 알아야 합니다. 내 남편이·내 아내가 나에게 해주는 고마움, 내 아들이·내 딸이 나에게 해주는 고마움에 합장을 하는 자세로 돌아가야 합니다.

또한 하루 세 끼 밥상머리에서 받는 밥 한 그릇의 고마움에 합장을 하고 감사를 할 줄 알아야 합니다. 밥을 다 먹은 다음에도 그 음식에 대한 고마움에 합장을 하고 감사를 해야 합니다. 자식들이나 손자들에게도 밥 한 그릇의 은혜에 감사하는 마음으로 두 손을 모아 합장을 하도록 가르쳐야 합니다.

이것만은 꼭 실천을 해보십시오. 최소한 이것만은 실천을 해야 하며, 내가 먼저 실천을 하지 않으면 아이들에게 가르칠 수도 없게 됩니다.

다시 한번 돌이켜보십시오. 나는 내 곁에 있는 분들의 고마움에 얼마나 보답을 하고 있는가? 작은 고마움에도 '고맙습니다·감사합니다' 하면서 합장하는 마음으로 살아가고 있는가?

부처님께서는 대우주의 순서를 지키며 대우주의 한 자리에서 자기의 책임을 다하는 사람이야말로 올바른 인간이라고 가르치셨습니다. 대우주의 만물과 호흡이 통하고 대화가 통하고 행동이 통하는 인간으로 돌아가, 인간으로서의 자리를 지키라는 것이 부처님의 가르침입니다.

부디 순종할 줄 아는 '나', 스스로를 뒤돌아볼 줄 아는 '나', 스스로를 단속하고 참회할 줄 아는 '나'가 되어, 가족의 고마움과 이웃의 고마움과 부처님의 고마움을 생각하고, 그 고마움에 감사하는 마음으로 살아가는 불자가 되기를 축원드립니다.

불자의 실천, 꼭 이것만은

오계만은 지키자

육화경(六和敬)

오계만은 지키자

계의 그릇이 견고하여야
선정의 물이 맑아질 수 있고
선정의 물이 맑고 깨끗하여야
지혜의 달이 두루 나타나느니라

戒器堅固　　계기견고

定水澄淸　　정수징청

定水澄淸　　정수징청

慧月方現　　혜월방현

부처님의 이 말씀과 같이, 계戒의 그릇이 견고하여야 그 그릇에 담기는 선정[定]의 물이 맑고 깨끗해질 수 있고, 선정의 물이 맑고 깨끗하여야 지혜의 달이 잘 비추어지게 됩니다. 이렇듯 계戒·정定·혜慧 삼학三學은 따로이 뗄래야 뗄 수가 없고 서로 떨어질 수도 없는 것입니다.

옛 어른들은 이 삼학을 세발 달린 솥에 비유하셨

습니다. 우리나라의 옛날 솥을 보면 발이 세 개 달려 있습니다. 발이 세 개 있기 때문에 어느 쪽으로도 솥이 기울어지지 않고 반듯하게 놓여질 수 있습니다.

계·정·혜 삼학 또한 이와 같아서, 셋이 함께 하여야 어느 쪽으로도 기울지 아니하고 어떤 자리에서도 똑바로 설 수 있습니다. 이 셋은 솥의 세 발과 같이 따로 뗄 수가 없고, 서로 떨어질 수가 없는 것입니다.

그런데 이 삼학 중에서 가장 앞서는 것은 계戒입니다. 게송에서 본 바와 같이, 계를 잘 지키면 선정을 얻을 수 있고, 선정을 이루면 지혜를 얻을 수 있습니다.

계戒는 '자기 자신이 자기 자신을 이길 수 있게 하는 수행'이라 할 수 있습니다. 산목숨을 죽이고 싶어도 '내가 이렇게 해서는 안 되지' 하면서 나를 뒤돌아보게 하고, 도둑질을 하려고 할 때도 '이것은 인간의 길이 아니다'라는 생각이 들어 도둑질을 그만두게 합니다.

이러한 불살생不殺生·불투도不偸盜와 함께, 법으

로 정해진 내외간의 테두리를 벗어나지 말아라〔不邪淫〕, 거짓말하지 말아라〔不妄語〕, 술에 취해 나쁜 짓 하지 말아라〔不飮酒〕 등의 다섯 가지 기본적인 계율은 불자들이 당연히 지키면서 자기 자신을 이겨내어야 합니다.

또한 계는 자기가 자기를 이겨나가는 수행인 동시에 사회생활의 기본이 되는 수양입니다. 가정을 지키고 보호하는 성실한 울타리가 되며, 나아가 한 국가의 질서를 잡는 초석이 됩니다.

부처님의 가르침인 이 오계를 잘 지킬 때, 세속에서 말하는 오상五常인 인仁·의義·예禮·지智·신信은 저절로 지켜집니다. 산 목숨을 죽이지 않는 불살생은 '어질 인仁'이요, 훔치지 않는 불투도는 '옳을 의義'이며, 법으로 정한 테두리를 벗어나지 않는 불사음은 '예도 예禮'이고, 거짓말 하지 않는 불망어는 '믿을 신信'을 지키는 것이며, 술에 취해 흐리멍텅해지지 않는 불음주는 '지혜 지智'를 지키는 것입니다.

그리고 오상에 '항상 상常' 자를 쓴 까닭은, 사람이면 누구나 할 것없이 언제나 이 다섯 가지를 항상 지켜야 한다는 의미가 담겨져 있기 때문입니다. 그런데 요즘 사회를 보면 옛 어른들이 지켜오던 '오상'이 많이 무너졌고 차츰 사라져가고 있습니다. 그렇지만 우리 불자들이 오계를 지키게 되면, 옛 어른들이 가장 조심하고 소중히 여겼던 오상은 저절로 지켜지게 됩니다.

옛 어른들은 '산 목숨을 많이 죽여 남의 명을 끊게 되면 다음 생에 병이 많고 명이 짧아지는 과보를 받는다'고 하셨습니다. 따라서 불살생의 계를 지키게 되면 병이 들고 단명한 과보로부터 벗어날 수 있습니다.

남의 물건을 훔치지 않겠다는 계를 지킬 때에도 이와 같은 원리로 다음 생에 복된 삶을 보장받게 됩니다. 이와 관련하여 조선시대 초기의 고승이셨던 벽계정심(碧溪淨心, 15세기, 생몰년 미상) 선사의 이야기 한 편을 잠깐 살펴봅시다.

연산군이 집정할 무렵, 세속의 유생들은 선종의 정통법맥을 이은 대도인 벽계정심 스님만 없애버리

면 불교의 명맥이 끊어져버릴 것이라 생각하여, 어떻게 해서라도 스님을 죽이려 하였습니다.

이에 승려의 모습을 지킬 수 없었던 스님은 머리를 기르고 영동 황악산 속의 물한리라는 곳으로 숨어들어갔습니다. 거기에서 오갈 데 없는 50대의 재가보살 한 분을 데려다 놓고, 남이 볼 때는 부부가 사는 것처럼 위장하였습니다.

그런데 부부라고 하면 서로 이야기를 주고받거나 한 자리에 앉을 수도 있어야 하는데, 하루 종일 있어도 정심선사는 새끼로 짚신을 삼거나, 지게를 지고 나무를 하거나, 괭이와 낫을 들고 농사일을 할 뿐, 낮이건 밤이건 그 보살이 옆에 앉을 틈을 주지 않았습니다.

너무나도 무심한 스님의 태도에 회의를 느낀 보살은 마침내 도망을 가야겠다는 결심을 하게 되었고, 무엇인가를 챙겨 가려 하였습니다. 그러나 갖고 갈 것이라고는 하나도 없었습니다. 찾다가 찾다가 할 수 없이 물을 떠먹는 조그만 바가지 하나를 들고 보살은 도망을 쳤습니다.

그러나 전국을 아무리 돌아다녀도 보살에게 같이

살자고 하는 사람이 없었으므로 결국 3년 만에 다시 벽계정심선사께 돌아왔습니다. 그리고 그 간의 사정과 함께 바가지를 잃어버렸음도 밝히자, 스님께서는 담담히 말했습니다.

"내가 지나간 시간에 남의 여자를 힐끗 쳐다보거나, '아! 저 여자 예쁘구나. 데리고 살았으면' 하는 생각을 한번도 품지 않았기 때문에, 일단 내 사람이라 이름이 붙은 사람에게는 누구도 손을 댈 사람이 없소.

당신이 3년이 아니라 100년을 돌아다니고, 우리나라를 벗어나 중국에 가고 전 세계를 다 돌아다닐지라도, 당신한테 '나하고 같이 살자'는 사람이 나타나지 않을 것이오.

내가 남에게 나쁜 짓을 하지 않았고 남의 가정을 파괴하는 일이 없었기 때문에, 일단 내 사람이라고 이름 붙은 사람은 그 누구도 건너다보지를 않는다는 말이요.

또한 잃어버린 바가지도 마찬가지요. 대관령을 넘다보면 아홉 남편을 거느렸던 여인을 안장한 일처구부묘—妻九夫墓가 있고 그 옆에 작은 쪽박샘이 있는데, 거기에 가면 그 바가지가 나뭇가지에 걸려 있을 게요.

내가 전생에 남의 물건을 갖고 간 일이 없고 훔친 일이 없기 때문에, 내 물건이라고 이름이 붙은 것은 아무도 갖고 갈 사람이 없소. 당신이 걸어놓은 바가지가 썩은 채로 그 자리에 그대로 걸려 있을 테니 가보시오."

이 말을 들은 보살이 진짜인지 가짜인지를 확인하기 위해 다시 그 자리로 가보았더니, 벽계정심선사가 말한 나뭇가지에 바가지가 새까맣게 썩은 채로 걸려 있었습니다.

8

벽계정심선사의 말씀처럼, 계를 잘 지킬 때는 이와 같은 공덕이 저절로 나에게 오게 됩니다. 반대로 마음이 흔들려서 계를 지키지 못했을 때는 반드시 그 과보가 나에게로 떨어지게 되어 있습니다.

세상은 이렇게 무서운 것입니다. 그러므로 조심하고 또 조심해야 합니다. 계라고 하는 것은 내 자신을 이기는 수행이며, 사회생활의 기본 수양입니다. 가정을 지키고 가족을 보호하는 성실한 울타리요,

국가질서의 기초가 되는 것입니다.

이 **계를 지키지 않을 때** 그만큼 내 명을 재촉하고 **내 곁의 복을 끊는 인연을 만들게 되며**, 내 곁에 모이는 사람이 전부 나를 속이는 등의 무서운 재앙이 따르게 됩니다. 따라서 다섯 가지 기본 계율인 오계만은 꼭 지키고자 하는 불자가 되도록 애를 써야 합니다.

계를 잘 지키면 선정의 평화가 깃들고 밝은 지혜가 샘솟는다는 것을 명심하시고, 꼭 오계를 지키고 실천하시기를 당부드립니다.

육화경六和敬

　이제 불교인들이 꼭 유념해야 할 화합법문을 이야기하면서 마무리를 짓고자 합니다.

　불교에서 가장 중요시하는 것 중의 하나가 **화합**和合에 대한 것입니다. 특히 부처님의 제자들의 모임인 승가僧伽는 '화합대중和合大衆'이란 뜻으로, 승가는 화합으로써 그 근본을 삼고 있습니다. 이는 다시 이화理和·사화事和의 두 화합으로 나누어 설명되어지기도 합니다.

　이화理和는 성자들의 차원에서 볼 때의 화합입니다. 불·보살·성문·연각의 4성聖은 다같이 적멸寂滅의 이치를 증득함을 나타냅니다. 곧 **적멸의 이치로써 화합하는 것**을 이화라고 합니다.

　이에 반해 지옥·아귀·축생·수라·인·천의 육도를 윤회하는 중생들의 화합은 **사화**事和라고 합니다. 곧 신身·구口·의意·견見·계戒·이利의 여섯 가지를 통하여 화합해서 함께 산다는 의미에서 **육**

화합六和合 또는 **육화경**六和敬이라고도 합니다.

특히 육화경이라고 할 때의 **경**敬에는 '화합하려면 존경의 뜻이 있어야 한다. 서로 존경하는 마음이 없어서는 화합이 안 된다'는 가르침이 들어 있습니다. 곧 부모형제 사이나 스승·상좌 사이에도 상호 공경하고 존경하는 마음이 있어야 함을 나타내고 있습니다. '상호 경애하라'는 뜻입니다.

이처럼 화합에도 공경하는 뜻이 있어야 되고 사랑에도 존경하는 뜻이 있어야 합니다. 존경하는 뜻이 없는 화합은 인정할 수가 없다는 것입니다. 그러므로 단순한 화합이 아니라 존경이 포함된 화합이라야 참다운 화합이 된다는 것을 깨달아야 합니다.

구체적인 육화경은 다음과 같습니다.

① 몸으로 화합할지니 함께 머물러라〔身和共住〕

② 입으로 화합할지니 다투지 말라〔口和無諍〕

③ 뜻으로 화합할지니 함께 일하라〔意和同事〕

④ 바른 견해로 화합할지니 함께 이해하라〔見和同解〕

⑤ 계로써 화합할지니 함께 닦아라〔戒和同修〕

⑥ 이익으로 화합할지니 균등하게 나누어라〔利和同均〕

이를 조금 자세히 풀겠습니다.

① **신화공주**身和共住 : 누구든지 몸이 화합해야 같이 머무를 수 있습니다. 한 가정에서 부부나 부모와 자식들이 한 집에 머무를 수 있는 것은 몸으로 화합이 되기 때문입니다. 마찬가지로 부처님의 제자들 또한 몸이 화합이 되기 때문에 한 법당에 수백 명씩도 앉을 수 있는 것입니다. 몸이 화합하면 같이 머무를 수가 있습니다.

② **구화무쟁**口和無諍 : 입이 화합되면 다툼이 없게 됩니다. 내외간이나 부모 자식 사이나 남자 여자 사이에나 입이 화합이 되지 않으면 언제나 다툼 소리가 끊어지지 않습니다.

③ **의화동사**意和同事 : 뜻이 화합되어야 같이 일을 할 수 있습니다. 한 가족 사이에도 뜻이 서로 같으면 일이 저절로 잘 풀리게 됩니다. 도모하는 어떤 일에 모두 찬성하게 되면 같은 길을 가게 되고, 같이 일하면서 기뻐하고 즐거워할 수 있습니다.

④ **견화동해**見和同解 : 견해가 같고 견해가 화합되어야 같이 이해를 할 수 있습니다. 부처님의 제자들

이기 때문에 부처님의 말씀을 똑같은 방향으로 이해할 수 있는 것이지, 개별적으로 다른 견해를 품고 있는 사람이 억지 이해를 할 수는 없는 것입니다.

⑤ **계화동수**戒和同修 : 규칙이 화합되어야 같이 수행할 수 있습니다. 규칙이 같아야 같은 일을 같이 실천할 수 있습니다. 한 가정의 가족들 사이에도 그 집안의 규칙이 같기 때문에 가정의 일이 자연스럽게 실천이 되면서 한 가정이 유지되는 것입니다. 불자들 간에도 '산목숨을 죽이지 말아라' 라는 등의 규칙이 같기 때문에 함께 실천하고 함께 수행할 수 있습니다.

⑥ **이화동균**利和同均 : 이익으로 화합하려면 균등하게 나눌 줄 알아야 합니다. 이 '이익'은 물질적인 것만을 이야기하지는 않습니다. 사랑·명예·기쁨·보람 등 집안의 어떤 일이든 이익은 고루 나누어져야 합니다. 이익이 한쪽으로 기울면 안됩니다. 부모의 사랑이나 관심이 어떤 자식에게 기울면 형제 사이에 금이 갑니다.

또 무슨 단체를 조직해 놓고 간부라는 이름을 붙이게 되면 시시비비가 생기게 되고 당파가 생기게 됩니다. 밥 한 숟가락이나 음식 한 젓가락도 이익에 해당이 되고, 이름이나 명예나 벼슬 같은 것도 이익에 해당이 됩니다. 이 이익을 균등하게 나누는 일이 이 사회에서는 참으로 필요합니다.

이 육화경의 주춧돌은 상호존경입니다. 또한 **화합**이라는 말에는 '**융화된다**'는 뜻도 포함이 되고, '**화합해서 서로 순종하게 된다**'는 뜻도 포함되어 있습니다.

따라서 위의 여섯 가지 화합 조건이 구비된 다음, 서로를 존경하는 참된 마음만 있으면 이 육화경의 열매는 맺게 되어 있습니다. 육화경 또는 육화합의 이상을 실현하려고 하면 반드시 상호존중을 주춧돌로 삼아야 합니다.

『사분율四分律』에는 다음과 같은 부처님의 가르침이 있습니다.

너희들이 부처님의 가르침 속에서 출가를 하였으면 서로 공경하라. 서로 존경할 때 불법을 얻을 수 있고 진리를 깨칠 수가 있고 불교를 널리 펼 수 있느니라.

계율이나 규칙은 상호 존경이 없으면 안됩니다. 보전할 수가 없습니다. 또한 상호 존경이 없으면 불법을 포교할 수 없고 후세에까지 전해져 가질 수가 없습니다.

오늘날 불교 교단 안팎으로 이 육화경의 사상이 없어지고 있는 것은 참으로 안타까운 현실입니다. 스님네 상호 간에도, 부처님의 제자들 상호 간에도 서로 존경하고 서로 순종하는 이 마음이 모자랍니다. 이 마음이 모자라기 때문에 모든 것이 무너지기 쉽습니다.

단체의 화합을 무너뜨리는 것을 불교에서는 '사자신중충獅子身中蟲'의 비유를 들어 이야기합니다. 『열반경』에 이 사자신중충의 이야기가 나옵니다.

사자라고 하는 동물은 다른 동물들이 감히 잡아먹거나 잡아 죽이지를 못합니다. 사자가 너무 늙어 길거리에 쓰러져 죽어있더라도 다른 짐승들은 그 고기를 먹으려 하지 않습니다.

사자의 고기를 뜯어먹는 것은 사자의 몸에서 생긴

벌레입니다. 결국 사자를 죽이고 무너뜨리는 것은 다른 짐승이나 외부의 힘에 의한 것이 아니라 사자의 몸속에서 생긴 벌레라는 것입니다.

마찬가지로 **불교를 무너뜨리는 것은 내부에서 생기는 분열**입니다. 어떤 외부의 힘이 불교를 무너뜨릴 수 있는 것이 아닙니다. 그러므로 언제나 이 여섯 가지 화합을 마음 속에 두고, 화합을 깨뜨리는 일이 없도록 주의를 해야 합니다.

부처님 당시에도 불교 교단 내부에서 큰 분열이 생긴 일이 있었습니다. 이때에 부처님께서 양쪽 사람들을 모아 놓고 화합에 대해 아주 간절한 가르침을 주셨고, 양쪽은 서로를 이해하고 화해하여 완전한 화합을 이루었습니다. 이에 부처님께서는 이 육화경을 설하시고, 명심하여 실천할 것을 당부하셨습니다.

한 가정의 화합이나 한 단체의 화합이나 한 나라의 화합에도 이 여섯 가지의 화합이 기본이 되어야 함을 늘 염두해 두고 부처님의 간절한 가르침인 이 육화경을 실천하는 불자가 되기를 부탁드립니다.

큰 틀에서 볼 때 이제까지 나는 '불교란 무엇이며 어떻게 살아야 하는가'를 주제로 삼아 이야기하였습니다. 나의 이 이야기들이 불자들의 신행 생활과 부처님쪽으로 향상하는 삶에 조금이나마 보탬이 되기를, 그리하여 모두가 행복과 해탈의 경지로 나아가기를 깊이 깊이 축원드립니다.

나무 시아본사 석가모니불

기도 및 영가천도의 지침서

광명진언 기도법 / 일타스님·김현준　　　　　신국판　176쪽　5,000원

광명진언 기도를 널리 펴고자 일타스님과 김현준 원장이 함께 저술한 책. 광명진언 속에 새겨진 참의미와 바른 기도법, 빠른 기도성취법 등을 자상하게 설하고, 유형별 기도성취 영험담을 다양하게 수록하였으며, 누구나 보기 쉽도록 큰활자로 발간하였습니다. 광명진언을 외우면 행복과 평화, 영가천도, 소원성취를 이룰 수 있습니다.

생활 속의 기도법 / 일타스님　　　　　　　신국판　160쪽　5,000원

불교계 최대의 베스트셀러! 일상생활에서 누구나 처할 수 있는 여러 가지 상황에 따른 구체적인 기도방법에서부터 특별기도성취법·영가천도기도법·기도할 때 지녀야 할 마음가짐까지, 자상한 문체로 예화를 섞어 쉽고 재미있게 엮었습니다.

기도 / 일타스님　　　　　　　　　　　신국판　240쪽　7,000원

총 6장 52편의 다양한 기도 영험담으로 엮어진 이 책을 읽다보면 기도를 통해 틀림없이 부처님의 가피를 입을 수 있음을 확신할 수 있게 되고, 올바른 기도법과 함께 기도성취의 지름길을 알 수 있게 됩니다.

기도성취 백팔문답 / 김현준　　　　　　신국판　240쪽　7,000원

기도에 대한 정의·기도와 믿음·업장소멸의 방법·꾸준한 기도의 효험·원을 세우는 법·축원법·각종 기도가피와 기도성취의 시기·성취를 위한 하심법下心法 등 기도에 관한 궁금증들을 문답형식으로 자상하게 풀이하였습니다.

참회와 사랑의 기도법 / 김현준　　　　　신국판　192쪽　6,000원

총 84가지 문답을 통하여 참회의 정의에서부터 참회기도를 해야하는 까닭, 절을 통한 참회법·염불참회법·주력참회법·가족을 향한 참회법, 기도 축원의 구체적인 내용 및 자비의 기도가 갖는 효과, '백중과 영가천도'등에 대해 아주 상세하게 설명하고 있습니다.

참회·참회기도법 / 김현준　　　　　　　신국판　160쪽　5,000원

참회의 참된 의미, 절·염불을 통한 참회법, 참회인의 마음가짐, 이참법 등을 영험담들과 함께 감동 깊게 엮은 책으로, 참회를 통해 행복하고 자유로운 삶을 사는 방법을 열어주고 있습니다.

불교의 자녀사랑 기도법 / 김현준　　　　신국판　160쪽　5,000원

사랑하는 자녀들을 가장 잘 사랑할 수 있는 방법을 부처님의 가르침에 의지하여 정립하고 생활화한 책입니다. 이 책의 가르침을 따라 자녀를 사랑하고 기도해보십시오. 우리의 자녀들이 뜻하는 바 소원을 성취하고, 행복과 평화를 누릴 수 있게 될 것입니다. 부록으로 부모님께 효도하여야 하는 까닭과 방법도 수록하였습니다.

신묘장구대다라니 기도법 / 우룡스님·김현준　신국판　208쪽　6,000원

신묘장구대다라니를 외우면 생겨나는 가피와 공덕, 기도의 방법과 주의할 점, 우룡스님이 들려주는 14편의 영험담, 대다라니의 근본경전인 『무애대비심다라니경』을 수록하고 있는 이 책을 읽고 자신있게 기도하면 심중소원의 성취와 기적같은 체험도 할 수 있습니다.

기도 성취의 지름길 / 우룡스님　　　4×6판　160쪽　4,000원

가족을 위한 기도와 기도 성취의 원리에 초점을 맞춘 감동적인 기도법문입니다. 제1부 「가족 행복을 위한 기도」에서는 가족을 향한 참회와 절의 필요성, 3배 기도의 큰 영험에 대해 일러주고 있으며, 제2부 「빠른 기도 성취의 길」에서는 믿음과 정성이 뒤따라야 기도 성취를 잘할 수 있고, 기도의 고비를 잘 넘겨야 능히 행복과 대해탈의 문이 열린다는 것을 많은 이야기를 곁들여 설하고 있습니다.

기도 이야기 / 우룡스님　　　신국판　204쪽　6,000원

"스님, 기도로 소원을 성취할 수 있습니까?" 총 6장 45편의, 참으로 재미있는 기도성취 영험담이 수록된 이 책을 읽고 기도를 하면, 불보살님과 통하는 감응의 길이 열리면서 심중소원을 빨리 성취하게 됩니다. 또한 이야기 끝에 붙인 큰스님의 해설은 기도의 방법을 쉽게 터득할 수 있도록 이끌어줍니다.

영가천도 / 우룡스님　　　신국판　160쪽　5,000원

영가의 장애를 느끼십니까? 돌아가신 영가를 영가를 제대로 천도해 드리지 못했습니까? 영가천도의 필요성과 기본자세, 염불·독경·사경을 통한 영가천도, 49재, 낙태아 천도 등 영가천도에 관한 궁금증 및 천도의 방법을 우룡스님의 자세한 법문으로 풀어드립니다.

미타신앙·미타기도법 / 김현준　　　신국판　160쪽　5,000원

아미타불의 참 모습에서부터 극락에서 누리는 행복, 칭명염불·오회염불·관상염불·천도염불 등의 각종 염불수행법과 함께 임종하는 이를 위한 의식과 49재 기간의 행법 등을 자세히 밝히고 있습니다.

관음신앙·관음기도법 / 김현준　　　신국판　240쪽　7,000원

관세음보살의 구원 능력, 주요 경전 속의 관음관, 11면관음·천수관음·32응신·33관음 등 자비관음의 여러 가지 모습, 일심칭명 일념염불의 관음기도법, 독경 사경 기도법, 다라니 염송 기도법 등을 자세하고도 알기 쉽게 풀이하였습니다.

지장신앙·지장기도법 / 김현준　　　신국판　192쪽　6,000원

지장신앙 속에는 영가천도뿐만이 아니라 현세에서의 행복과 깨달음, 성불의 비결까지 간직되어 있습니다. 이러한 지장신앙의 여러 측면과 함께 생활 속에서 할 수 있는 지장기도법을 자세히 밝혀놓았습니다.

법보시를 원하시는 분은 출판사로 연락 주십시오. 할인혜택을 드립니다.
전화 02-587-6612, 582-6612 팩스 02-586-9078

많이 찾는 기도 독송용 경전

한글『법화경』과『법화경 한글사경』

불교 최고 경전인 법화경! 이 경을 독송하고 사경해 보십시오.
소원성취는 물론 깨달음과 경제적인 풍요까지 안겨줍니다.

> 법화경 (독송용) 김현준 역　　4x6배판　총20,000원
> 전3책　제1·2책 176쪽 6,500원 제3책 192쪽 7,000원
>
> 법화경 한글사경 김현준 역　4x6배판　총 20,000원
> 전5책　각권 120쪽 내외 권당 4,000원

자비도량참법 / 김현준 역　　　　　　　　　양장본　528쪽　20,000원

불교 최고의 참회법인 자비도량참법!

참되이 참회하시기를 원하십니까? 자비도량참법 기도를 하면 나의 허물과 죄업의
참회에서 시작하여 부모 스승 친척 등 육도 속을 윤회하는 온 법계 중생의 업장
과 무명까지 모두 소멸시켜줍니다. 이 참법을 행하다 보면 저절로 참회의 마음이
깊어지고 자비가 충만해지고 환희심이 넘쳐나게 됩니다.

큰활자본 지장경　　　　　　　　김현준 편역　4×6배판　208쪽　7,000원
지장보살본원경　　　　　　　　　김현준 편역　신국판　208쪽　6,000원

이 책은 지장기도를 하는 분들을 위해
① 지장경을 처음부터 끝까지 1번 독송, ② '나무지장보살'을 천번염송,
③ 지장보살예찬문을 외우며 158배,　④ '지장보살'천번 염송의
4부로 나누어 특별히 만들었습니다.
지장경 독경 및 지장보살예참과 염불을 할 때, 각 장 앞에 제시된 기도법에 따라
기도를 하게 되면, 지장보살의 가피 속에서 틀림없이 영가천도·업장소멸·소원
성취·향상된 삶을 이룩할 수 있게 됩니다. 이 두 책의 내용은 같으며, 활자 및 책크기만 다릅니다.

한글 승만경　　　　　　　김현준 역　4×6배판　144쪽　5,000원

부처님과 승만부인이 설한 보배로운 경전!
이 승만경에는 여인의 성불 수기와 함께 승만부인의 서원, 정법을 나의 것
으로 만드는 법, 중생에게 희망과 자비심을 불러 모으게 하는 여래장 사
상, 번뇌·법신·일승·사성제·자성청정심에 대해 쉽고도 분명하게 밝혀 불
자의 삶과 수행을 바른길로 이끌어주고 있습니다.

알기 쉬운 경전 해설서

화엄경 약찬게 풀이 / 김현준 신국판 216쪽 6,500원

불자들이 자주 독송하는 화엄경약찬게! 화엄경약찬게를 그냥 읽으면 참으로 어렵고 무슨 내용인지 알 수 없지만 이 풀이를 본 다음에 읽으면 약찬게를 명확히 파악할 수 있게 될 뿐 아니라 화엄경의 내용까지 꿰뚫어 환희심이 샘솟고 대화엄의 세계에서 노닐 수 있게 됩니다. **화엄경 약찬게 사경도 있습니다.**

생활 속의 천수경 (개정판) / 김현준 신국판 240쪽 7,000원

천수관음이 출현하신 까닭, 천수관음을 청하는 법과 가피를 얻는 법, 신묘장구대다라니의 풀이와 공덕, 찬탄의 공덕과 참회성취의 비결, 준제기도 및 주요 진언 속에 깃든 의미, 여래십대발원문 사홍서원 삼귀의 의미 등을 상세히 풀이하였습니다.

생활 속의 금강경 / 우룡스님 신국판 304쪽 8,000원

금강경의 심오한 내용을 알기 쉽게 풀이하고 일상생활과 접목시켜 강설함으로써 삶의 현장에서 금강경의 가르침을 능히 응용할 수 있도록 하였고, 감동을 주는 일화들을 많이 삽입하여 재미를 더해주고 있습니다.

생활 속의 관음경 / 우룡스님 신국판 240쪽 7,000원

관세음보살보문품인 관음경을 통하여 관세음보살의 본질, 일심칭명과 재난 소멸법, 공경예배와 소원 성취법, 관세음보살을 관하는 법 등에 대해 여러 가지 영험담과 함께 감동적으로 풀이하고 있습니다.

예불문, 그 속에 깃든 의미 / 김현준 지음 신국판 256쪽 7,000원

많은 불자들이 궁금해 하였던 오분향의 의미와 지심귀명례하는 방법, 불법승 삼보의 내용과 문수·보현·관음·지장보살, 십대제자·16나한·5백나한·천이백아라한·역대조사, 그리고 사부대중의 화합 등을 이 책 속에 모두 담았습니다.

생활 속의 보왕삼매론 / 김현준 신국판 240쪽 7,000원

『보왕삼매론』을 해설한 이 책은 병고 해탈, 고난 퇴치, 마음공부와 마장 극복, 일의 성취, 참사랑의 원리, 인연 다스리기, 공덕 쌓는 법, 이익과 부귀, 억울함의 승화 등 누구나 인생살이에서 겪게 되는 장애들을 속 시원하게 뚫어주고 있습니다.

보왕삼매론 사경 (1책으로 50번 사경) 4×6배판 120쪽 4,000원

보왕삼매론을 사경하면 재앙이 소멸됨은 물론이요 생활 속의 걸림돌이 디딤돌로 바뀌고 고난이 사라져 하루하루가 편안해집니다.

보현행원품 한글사경 (1책으로 3번 사경) 4×6배판 120쪽 4,000원

행원품을 사경하면 자리이타의 삶과 업장 참회, 신통·지혜·복덕·자비 등을 빨리 이룰 수 있고 세세생생 불법과 함께하며 보살도를 성취할 수 있습니다.

약사경 한글사경 (1책으로 3번 사경) 4×6배판 112쪽 4,000원

약사경을 사경하면 약사여래의 가피가 저절로 찾아들어, 병환의 쾌차, 집안 평안, 업장소멸을 비롯한 갖가지 소원을 쉽게 성취할 수 있습니다.

영험 크고 성취 빠른 각종 사경집 (책 크기 4×6배판)

광명진언 사경 (가로쓰기:1080번 사경)　128쪽　4,000원
광명진언 사경 (세로쓰기:1080번 사경)　128쪽　4,000원
눈으로 보고 입으로 외우고 손으로 쓰고 마음으로 새기는 광명진언 사경은 크나
큰 성취를 안겨줍니다.

금강경 한글사경 (1책으로 3번 사경)　144쪽　5,000원
금강경 한문사경 (1책으로 3번 사경)　144쪽　5,000원
금강경 한문한글사경 (1책으로 1번 사경)　100쪽　3,500원
요긴하고 으뜸된 경전인 금강경을 사경해 보십시오. 업장소멸과 함께 크나큰 깨
달음과 좋은 일들이 저절로 다가옵니다.

아미타경 한글사경 (1책으로 7번 사경)　116쪽　4,000원
살아 생전 또는 부모나 가까운 분이 돌아가셨을 때 이 경을 쓰면 극락왕생이
참으로 가까워집니다.

반야심경 한글사경 (1책으로 50번 사경)　116쪽　4,000원
반야심경 한문사경 (1책으로 50번 사경)　116쪽　4,000원
반야심경을 사경하면 호법신장이 '나'를 지켜주고, 공의 도리를 깨달아 평화롭
고 안정된 삶이 함께 합니다.

신묘장구대다라니 사경 (50번 사경)　116쪽　4,000원
대다라니를 사경하면 관세음보살님과 호법신장들이 '나'와 주위를 지켜주고 소
원성취와 동시에, 행복하고 자비심 가득한 마음을 가질 수 있도록 해줍니다.

천수경 한글사경 (1책으로 7번 사경)　112쪽　4,000원
천수경을 사경하고 독송하면 천수관음의 가피가 저절로 찾아들어, 업장 및 고
난의 소멸과 갖가지 소원을 쉽게 성취할 수 있습니다.

관음경 한글사경 (1책으로 5번 사경)　112쪽　4,000원
관음경을 사경하면 늘 행복이 함께하며, 학업성취·건강쾌유·자녀의 성공·경제
문제 등에도 영험이 매우 큽니다.

지장경 한글사경 (1책으로 1번 사경)　144쪽　5,000원
지장경을 사경하고 독송하면 영가천도는 물론이요, 각종 장애가 저절로 사라지
고 심중의 소원이 성취됩니다.

관세음보살 명호사경 (1책으로 1만8백번 사경)
지장보살 명호사경 (1책으로 1만번 사경)　각 권 208쪽　7,000원
'관세음보살'이나 '지장보살'의 명호를 쓰면서 입으로 외우고 마음
에 새기면, 관세음보살님과 지장보살님의 가피를 입어 몸과 마음이
큰 변화를 이루고, 마음속의 원을 능히 성취할 수 있습니다.

일타큰스님의 스테디셀러

부드러운 말 한마디 미묘한 향이로다 / 일타스님   240쪽 7,000원

일타스님 대표 법문집. 삶의 이유, 복된 삶 이루는 방법, 보시와 지계, 도 닦는 법, 지혜성취법 등의 맑고 주옥같은 법문을 수록하여 읽는 이들에게 행복의 세계로 향하는 문을 열어주고 있습니다.

불자의 마음가짐과 수행법 / 일타스님   신국판 192쪽 6,000원

불자들이 큰 행복과 대자유를 얻기 위해서는 어떠한 마음가짐으로 살아야 하며, 참선·염불·간경·주력의 불교 4대 수행법을 어떻게 닦아야 하는가를 갖가지 비유를 들어 자상하게 설하고 있습니다.

불자의 기본 예절 / 일타스님   신국판 160쪽 5,000원

불교 예절의 근본이 되는 마음가짐과 말씨, 걸음걸이와 앉음새, 합장법, 절하는 법, 법당에서의 예절, 법문 듣는 법, 목욕·입측법 등 절집안의 생활 예절을 보다 쉽게 접할 수 있도록 많은 이야기를 곁들여 재미있게 엮었습니다.

오계이야기 / 일타스님   신국판 160쪽 5,000원

살생·투도·사음·망어의 근본 4계에 불음주계를 합한 5계에 대한 법문집. 재미있는 일화를 들어 각 계율의 연원과 지키는 방법, 계율을 범했을 때의 과보 등을 자세히 설했습니다. 복된 불자의 길로 나아가게 하는 불자의 필독서입니다.

윤회와 인과응보 이야기 / 일타스님   신국판 240쪽 7,000원

"죽음 뒤의 세상, 인간은 과연 윤회하는 존재인가?" 내가 지은 업은 어떻게 전개될 것인가? 이러한 의문의 해답을 일러주고자 총 49가지 이야기로 엮은 이 책을 읽다 보면 윤회와 인과응보에 대한 해답을 명확하게 얻을 수 있게 됩니다.

육조단경 / 김현준 역   신국판 240쪽 7,000원

육조 혜능대사께서 설한 선종의 근본 경전으로 인간의 참된 본성을 보게 하여 마음을 치유하고 깊은 깨달음을 열어주는 불자의 필독서입니다.

선가구감 / 서산대사 저·용담스님 역주   신국판 240쪽 7,000원

선수행 뿐 아니라 참회·염불·육바라밀 등 불교의 요긴한 가르침을 일목요연하게 정리하여 불자들의 신심과 정진에 큰 도움을 주는 소중한 책입니다.

리틀 붓다, 행복을 찾아서 / 클라우스 미코슈 지음·김연수 옮김

재치와 감동과 따뜻함이 있는 이야기. 지혜로운 삶에 관한 이야기. 꿈과 성취와 행복이 담긴 이야기. 소중한 삶의 주제들로 가득 채워진 이 책을 읽다 보면 진정한 행복이 무엇인지를 깨닫게 되고, 우리의 불성이 깨어나고 있음을 느낄 수 있게 됩니다.   컬러양장본 184쪽 12,000원

우룡큰스님의 스테디셀러

불자의 행복 찾기 / 우룡스님　　　　　　　　신국판　190쪽　6,000원
우룡스님 설법의 결정판. ① 복 받기를 원하거든 ② 보시로 이루는 큰 복 ③ 아상과 무주상 ④ 행복과 기도의 총 4장으로 나누어져 있는 이 책을 읽다 보면 복 짓고 복 쌓고 복 받는 방법과 원리를 저절로 터득할 수 있게 됩니다.

신심으로 여는 행복 / 우룡스님　　　　　　　신국판　192쪽　6,500원
믿음과 기도, 신심을 키우는 방법, 신심 속에서 나타나는 가피와 성취, 윤회에 대한 믿음, 불성의 발현과 믿음, 가정과 나를 살리는 실천법 등이 수록되어 있습니다.

정성 성誠이 부처입니다 / 우룡스님　　　　　신국판　240쪽　7,000원
'정성 성'이 부처요, 모든 것이 부처님 하는 일. 대우주와 하나되는 삶, 마음 단속과 마음 열기, 마음 다스리기, 번뇌와 업장을 비우는 방법 등을 쉽게 일러주고 있습니다.

불교란 무엇인가 / 우룡스님　　　　　　　　국판　160쪽　5,000원
'불교는 해탈의 종교·해탈을 얻는 원리·무엇이 부처인가·소승과 대승불교' 등 불자들이 마음에 새기고 실천해야 할 불교의 핵심되는 가르침을 많은 예화를 곁들여 설한 책입니다.

불자의 살림살이 / 우룡스님　　　　　　　　신국판　160쪽　5,000원
참된 불자의 살림살이가 무엇인지, 특히 가족을 향한 참회와 복 짓는 방법, 평온을 얻고 지혜를 이루는 방법을 쉽고도 일목요연하게 설한 법문집입니다.

불교의 수행법과 나의 체험 / 우룡스님　　　신국판　160쪽　5,000원
염불 및 주력수행법, 기도를 잘하는 법, 경전공부의 방법, 참선 수행법, 수행과 업장소멸, 수행정진의 비결 등을 스님의 체험을 예로 들면서 재미있게 엮었습니다.

불교신행의 주춧돌 / 우룡스님　　　　　　　신국판　240쪽　7,000원
신행생활 속에서 자주 겪게 되는 시행착오를 미리 피하고, 올바른 정진을 하여 깨달음의 세계로 나아가는데 꼭 필요한 마음가짐과 신행방법 등을 자상한 문체와 일화들로 알기 쉽게 엮었습니다.

- -

참 생명을 찾는 경봉스님 가르침 / 김현준　　신국판　192쪽　6,000원
경봉스님의 참 생명을 찾는 공부 방법과 도와 인생의 실체, 이 사바세계를 무대로 삼아 멋있게 사는 법 등을 다양한 이야기와 함께 엮은 책입니다..

도와 함께하는 행복과 성공 / 김현준 엮음　　신국판　160쪽　5,000원
경봉대선사께서 행복은 어디에 있고 어디에 깃들며, 어떻게 할 때 성공하는가? 복 짓는 법과 성공에 있어 가장 필요한 것은 무엇인가를 설한 책입니다..

신행과 포교를 위한 포켓용 불서 5종

손안의 불서 ① 『생활 속의 기도법』 / 일타스님		국반판	100쪽	2,000원
손안의 불서 ② 『광명진언 기도법』 / 일타스님·김현준		국반판	130쪽	2,500원
손안의 불서 ③ 『행복과 성공을 위한 도담』 / 경봉스님·김현준		국반판	130쪽	2,500원
손안의 불서 ④ 『보왕삼매론 풀이』 / 김현준		국반판	130쪽	2,500원
불교이야기 ① 『바느질하는 부처님』 / 김현준		국반판	100쪽	2,000원

밀린다왕문경

김현준 편역　신국판　208쪽　6,000원

**그리스인 왕인 밀린다와 불교 승려인 나가세나가
인생과 불교교리에 대해 대론한 것을 정리한 경전**

나·윤회·업·수행·지혜·선법·해탈·열반 등을 이야기하면서, 인간이란 어떤 존재이며 어떻게 살아야 하는지를 쉽고도 명쾌하게 밝혀주고 있어 현대인들에게 그 가치를 크게 인정받고 있습니다. 또한 시원스럽고 조리정연한 번역이 신심을 더욱 불러 일으킵니다.

기타 효림과 새벽숲의 스테디셀러

사찰 그 속에 깃든 의미 / 김현준	신국판	320쪽	9,000원
석가 우리들의 부처님 / 김현준	신국판	240쪽	7,000원
바보가 되거라(경봉큰스님 일대기) / 김현준	신국판	220쪽	6,000원
마음밭을 가꾸는 불자 / 보성스님	신국판	272쪽	8,000원
내 갈 길을 가는 불자 / 보성스님	신국판	224쪽	7,000원
이야기로 배우는 불고 / 보성스님	신국판	160쪽	5,000원
행복을 위한 부처님의 가르침 / 혜인스님	신국판	160쪽	5,000원
붓다께서 가리킨 길 / 서경수	신국판	184쪽	6,000원
세속의 길 열반의 길 / 서경수	신국판	368쪽	15,000원
기상천외의 스님들 / 서경수	신국판	224쪽	7,000원
도사가 될래요? 박사가 될래요? / 박영철	4*6배판	544쪽	30,000원
서울의 고궁산책 / 허균	국판	384쪽	16,000원